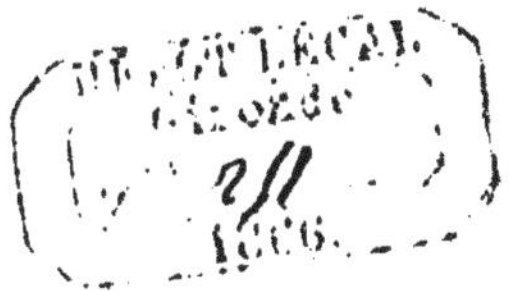

DE LA MORTALITÉ DES NOURRISSONS EN FRANCE

OUVRAGES DU MÊME AUTEUR

QUI SE TROUVENT AUX MÊMES LIBRAIRIES

Du mode de propagation du choléra et de la nature contagieuse de cette maladie. — In-8°; Paris, J.-B. Baillière; 1851......... 1 »

De la Contagion du choléra-morbus; Mémoire couronné par la Société des sciences, des arts et des lettres du Hainaut (médaille d'or). — In-8°; Mons; 1852.

Des Bains de mer chez les enfants; ouvrage couronné par l'Académie Impériale de Médecine (médaille d'argent) et honoré d'une souscription du Ministre de l'instruction publique. — In-12; Paris, J.-B. Baillière; 1864.................................. 3 »

Le même ouvrage, traduit en anglais par le Dr William Strange, Member of the royal college of physicians. — London; Longman, Green, Longman, Roberts, and Green; 1865.

Bordeaux, — Imp. G. Gounouilhou, rue Guiraude, 11.

DE LA MORTALITÉ

DES NOURRISSONS

EN FRANCE

SPÉCIALEMENT DANS L'ARRONDISSEMENT DE NOGENT-LE-ROTROU

(EURE-ET-LOIR)

PAR LE Dr BROCHARD

Chevalier de la Légion d'Honneur,
Ancien médecin de l'Hôtel-Dieu, de la prison et des épidémies de Nogent-le-Rotrou,
Membre de la Société médico-chirurgicale des Hôpitaux de Bordeaux, et de plusieurs autres sociétés savantes,
Lauréat de la Société des sciences, des arts et des lettres du Hainaut.

PARIS

J.-B. BAILLIÈRE & FILS

LIBRAIRES DE L'ACADÉMIE IMPÉRIALE DE MÉDECINE

19, — rue Hautefeuille, — 19

BORDEAUX

CHEZ LES PRINCIPAUX LIBRAIRES

1866

A MONSIEUR HUSSON

DIRECTEUR DE L'ASSISTANCE PUBLIQUE, OFFICIER DE LA LÉGION D'HONNEUR,
MEMBRE DE L'INSTITUT,
ASSOCIÉ LIBRE DE L'ACADÉMIE IMPÉRIALE DE MÉDECINE

C'est dans le service de la Direction des nourrices de la Ville de Paris que vous m'aviez confié, que j'ai pu, pendant dix-huit ans, étudier les maladies de l'enfance.

Vos conseils, vos encouragements, ne m'ont jamais manqué.

Permettez que je vous offre ce livre comme un témoignage de mon respect et de ma gratitude.

Dr BROCHARD.

PRÉFACE

Tous les philosophes ont été frappés de l'état de faiblesse dans lequel se trouve l'homme au moment où il vient au monde. « Entre tous les animaux, dit Pline, il » en est un que la nature semble avoir traité en marâtre. » Tous les autres ont, en naissant, les moyens de se » garantir des injures des éléments et de pourvoir à leur » subsistance. L'homme vient au monde tout nu, et ce » n'est que longtemps après sa naissance que l'éducation » de ses organes est complète. » J.-J. Rousseau émet la même idée lorsqu'il dit : « Comme le premier état de » l'homme est la misère et la faiblesse, ses premières voix » sont la plainte et les pleurs. L'enfant sent ses besoins » et ne peut les satisfaire; il implore le secours d'autrui » par des cris. S'il a faim ou soif, il pleure; s'il a trop » froid ou trop chaud, il pleure; s'il a besoin de mouve» ment et qu'on le tienne en repos, il pleure; s'il veut » dormir et qu'on l'agite, il pleure. »

Les médecins, les économistes, se sont, dans tous les temps, préoccupés de la mortalité vraiment effrayante à laquelle est soumis le nouveau-né de l'homme, ce roi de la création, qui pleure et qui implore du secours en naissant, et ils en ont, à l'envi, recherché les causes. Malgré les progrès de la civilisation, malgré les perfectionnements de l'hygiène publique et privée, cette mortalité est encore excessive.

Dans l'*Essai statistique* que je publie aujourd'hui, je n'ai nullement l'intention d'indiquer les causes de mort si multiples, si diverses qui frappent partout les nouveau-nés. Je n'ai pas l'intention non plus de parler de la mortalité des *Enfants Trouvés,* qui est, depuis la suppression des tours, et contrairement à l'avis de certains économistes, de certains médecins même, horrible encore en France. Le but que je me propose est plus modeste. Je veux étudier la mortalité qui règne sur les nouveau-nés de la capitale que l'on envoie en nourrice en province, et que l'on appelle pour cette raison *nourrissons de Paris*. Cette mortalité, qui est presque aussi grande que celle des Enfants Trouvés, n'a jamais été l'objet d'une étude sérieuse.

Chaque année, 20,000 enfants, appartenant à toutes les classes de la population parisienne, sont, par l'intermédiaire des bureaux de nourrices, et sous l'égide administrative de la Préfecture de police, confiés à des femmes de la campagne qui les emmènent chez elles pour les allaiter. Ces nourrices, moyennant un prix convenu avec les parents, sont censées servir de mères à ces nouveau-nés, et doivent, pendant un ou deux ans, leur donner tous les soins possibles. Mais des 20,000 enfants qui partent ainsi de Paris tous les ans, combien en revient-il? Personne ne le sait; c'est un problème que nul encore n'a cherché à résoudre.

Tous les nouveau-nés qui sont confiés aux bureaux de nourrices sont, il est vrai, régulièrement inscrits à leur départ à la Préfecture de police. Mais où inscrit-on ceux qui reviennent? où inscrit-on ceux qui succombent et qui ne reviennent pas? Nulle part. Les registres des actes de décès de certains départements peuvent seuls répondre à cette question. Qu'on les interroge, et l'on verra combien est minime à la fin de chaque année le nombre des survivants de ces malheureux enfants.

Dans les contrées où s'exerce cette industrie tout à fait spéciale à certaines parties de la France, il y a des femmes qui vont sans cesse à Paris chercher des enfants, qui en ont toujours, mais qui n'en ramènent jamais. Aussi, un maire me disait-il un jour que le « *cimetière de sa commune était pavé de petits Parisiens.* » C'est donc avec un sentiment profond de vérité que le docteur Boys de Loury a comparé le départ chez la nourrice à la conscription du premier âge.

En présence d'une telle mortalité, il est pénible de penser que ces nourrices ne sont nullement surveillées; il est pénible de penser que les mauvais soins qu'elles donnent à leurs nourrissons sont très souvent la seule cause de la mort de ces petits êtres privés si jeunes encore des caresses de leurs mères. Et cependant, d'après la manière dont ils auront été soignés, ces enfants, devenus plus tard des hommes forts ou des hommes faibles, formeront un jour un élément important de la population parisienne.

Malheureusement, en France, on s'occupe beaucoup moins de l'amélioration de la race humaine que de celle des races animales. Par un contraste bizarre dans nos mœurs, l'éducation physique de nos enfants est, chez nous, l'objet de moins de soins, de moins de préoccupation que l'éducation physique de nos animaux domestiques ou de leurs produits. Toutes les fois que des chevaux appartenant à l'armée sont momentanément confiés à des cultivateurs, des inspecteurs spéciaux les visitent, et constatent eux-mêmes les soins qu'ils reçoivent. Il existe en France une Société protectrice des animaux, dont le but est de décerner des prix et des récompenses aux personnes qui les traitent avec douceur ou compassion, ou qui leur donnent des soins intelligents et soutenus. N'est-il pas regrettable que cette Société, qui a pris pour devise : Justice, Compassion, Hygiène, Morale, n'accorde pas également sa protection aux enfants des hommes, lorsque, délaissés de tous, ces infortunés sont mis en nourrice chez les femmes dont je viens de parler?

Moins heureux que nos animaux domestiques, les *petits Parisiens* n'ont pour veiller sur eux ni inspecteur, ni Société protectrice des nourrissons. Ils vivent, ils meurent sans qu'on y fasse la moindre attention. S'ils sont bien soignés, tant mieux; s'ils le sont mal, tant pis; s'ils meurent par centaines, les nourrices peuvent être tranquilles, personne ne recherchera les causes de leur mort.

De temps à autre, cependant, quand une mort accidentelle a lieu et quand le scandale est trop grand, des voisines parlent, ou une lettre anonyme est adressée à la famille. Averti alors par la clameur publique, le Parquet intervient, et une punition est infligée à la nourrice. Mais ce sont là les cas rares. La plupart du temps, malheureusement, les morts accidentelles, les homicides par imprudence passent inaperçus. Souvent, trop souvent, hélas! pour la morale et pour la vindicte publique, un silence impénétrable entoure la mort de ces innocentes créatures; une scandaleuse impunité et la terre muette d'un cimetière de village recouvrent pour toujours le crime d'une nourrice et le cadavre d'un nourrisson.

Des circonstances toutes particulières m'ont mis à même de recueillir sur cet important sujet de nombreuses observations. Livré pendant vingt ans à l'exercice de la médecine dans un arrondissement où les femmes de la campagne n'ont d'autre industrie que celle des nourrissons, j'ai, pendant plus de dix-huit ans, été chargé du service médical de la direction des nourrices, que l'Assistance publique avait fondée à Nogent-le-Rotrou. Mes relations de clientèle m'ont, dans ce laps de temps, permis de voir un grand nombre d'enfants qui étaient placés directement chez les nourrices par les parents eux-mêmes, ou qui leur étaient confiés par l'intermédiaire des bureaux de Paris. Comme médecin des épidémies et comme médecin légiste, j'ai souvent été chargé sur divers points de l'arrondissement de missions concernant ces mêmes nourrissons. J'ai donc été à même de beaucoup voir, de beaucoup observer.

Longtemps j'ai hésité à révéler des faits que l'administration a le tort d'ignorer, qu'elle a le tort, bien plus grand encore, de ne pas réprimer. Longtemps j'ai reculé devant une tâche qui me semblait au dessus de mes forces, mais qui me semblait être cependant l'accomplissement d'un devoir. Des amis, des confrères, des magistrats même m'ont encouragé. « La mortalité parmi les nourrissons est » effrayante, m'écrivit un jour le Dr Raimbert, de Châ- » teaudun; je l'ai plusieurs fois signalée au comité d'hy- » giène. J'ai eu bien souvent le projet de faire un travail » sur ce sujet; mais la difficulté d'en réunir les éléments » m'a toujours arrêté. Je vous félicite de l'avoir entrepris.

» Vous dévoilerez, j'en suis certain, des *énormités*, et vous » ferez une œuvre utile, très utile. »

« Puissiez-vous, m'écrivait à la même époque un fonc- » tionnaire d'un arrondissement éloigné, puissiez-vous » faire ouvrir les yeux aux parents, et surtout attirer » l'attention de l'autorité supérieure sur les *abus qui se* » *commettent au préjudice de l'humanité*. »

J'ai cédé à ces encouragements; j'ai réuni mes notes éparses. Libre aujourd'hui de toutes les fonctions qui autrefois auraient gêné ma plume, je reporte involontairement ma pensée sur des faits qui ont laissé dans mon esprit, et surtout dans mon cœur, de tristes et profonds souvenirs. Je viens raconter ce que j'ai vu. Je le raconterai avec calme, sans passion, de manière à ne froisser personne.

Tous les faits que je cite reposent sur des documents qui me sont personnels et qui émanent tous du tribunal, de la sous-préfecture ou des diverses mairies de l'arrondissement de Nogent-le-Rotrou; ils sont donc d'une authenticité incontestable. Quant à ceux qui se sont passés dans des communes voisines de l'arrondissement que j'habitais, ils ont pour gage de leur authenticité les communications que les médecins de ces localités ont bien voulu m'adresser, et ils servent ainsi de contrôle à mes propres observations. Tous ces faits, par conséquent, ne permettent aucune réfutation.

Constater les louables efforts de l'Assistance publique pour créer et soutenir l'œuvre éminemment utile de la Direction municipale des nourrices; demander à l'autorité d'exercer une surveillance active sur des femmes dont l'incurie compromet souvent la santé, la vie même d'un grand nombre d'enfants; engager l'administration à remplacer tous les bureaux particuliers de nourrices de la capitale par une Direction unique, dont elle seule aurait le monopole, c'est à dire la surveillance absolue; signaler les graves erreurs que les décès des nourrissons de Paris occasionnent chaque année dans certaines statistiques départementales, tel est le but que je me suis proposé; je m'estimerai heureux si je l'atteins.

Je m'estimerai surtout heureux si mes confrères, suivant mon exemple, font connaître comme moi la mortalité des nourrissons ou celle des enfants trouvés dans les localités qu'ils habitent. Que chacun d'eux publie la statistique mortuaire de son arrondissement, et partout l'on verra se dresser de lugubres nécrologes, d'où surgiront, j'en suis certain, de graves enseignements pour la morale et pour l'hygiène publique.

Les départements, il ne faut pas l'oublier, ont comme Paris leurs plaies sociales ou morales. Tous, par conséquent, sont solidaires les uns des autres. C'est un devoir pour l'homme d'étude de signaler ces tristesses sociales, ou plutôt ces plaies morales, partout où il les trouve. La publicité seule peut les guérir et les faire disparaître. Si un cri général ne s'était élevé, il y a quelques années, contre le travail surhumain auquel on condamnait les enfants dans les manufactures, il n'y aurait encore rien de changé à cet égard.

Dans notre ordre social, chacun, dans sa sphère, doit travailler au bonheur, au bien-être public. Telle a été ma pensée en traçant ces lignes. Puissent les magistrats, puissent les administrateurs qui me liront vivifier cette pensée et remédier au mal que je signale, mal d'autant plus grave, qu'il nous frappe dans ce que nous avons de plus cher au monde : la vie de nos enfants.

Que toutes les mères de famille écoutent la voix de l'expérience, et qu'elles ne s'abstiennent du devoir sacré pour elles de nourrir leurs enfants que lorsque leur santé ou leur condition sociale leur fait de cette abstention une nécessité absolue. Afin de s'éviter de tardifs et d'inutiles remords, qu'elles aient toujours présentes à la mémoire ces paroles d'un des plus grands philosophes de la Grèce antique : « Je dis doncques qu'il est besoing que les mères » nourrissent de lait leurs enfants, et qu'elles mêmes leur » donnent la mamelle, car elles les nourriront avec plus » d'affection, plus de soins, plus de diligence, comme » celles qui les aimeront plus du dedans, et comme l'on » dit en commun proverbe, dès les tendres ongles, là où » les nourrices et les gouvernantes n'ont qu'une amour » supposée et non naturelle, comme celles qui aiment » pour un loyer mercenaire [1]. »

Bordeaux, 1866.

[1] Plutarque, *Œuvres morales*, trad. d'Amyot, éd. de Vascosan, t. I, p. 2.

DE LA

MORTALITÉ DES NOURRISSONS

EN FRANCE

> L'humanité autant que la science ne réclame-t-elle pas impérieusement une enquête qui prouve sans réplique aux familles combien elles augmentent les chances de mort de leurs enfants en les confiant à des mains mercenaires? Ne réclame-t-elle pas des relevés statistiques qui montrent aux mères et surtout aux pères combien il est dangereux de croire que l'amour et les soins maternels, si indispensables au nouveau-né, sont marchandise dont on fait emplette dans un bureau de nourrices?
>
> Dr Bertillon.

CHAPITRE Ier

« La nature mesme nous monstre que les meres sont
» tenues d'allaicter et nourrir elles mesmes ce qu'elles
» ont enfanté : car à ceste fin elle a donné à toute sorte
» de beste qui fait des petits, la nourriture du laict : et la
» sage Providence divine a donné deux mamelles à la
» femme, à fin que si d'adventure elle vient à faire deux
» enfans jumeaux, elle ait deux fontaines de laict pour
» pouvoir fournir à les nourrir tous deux. Il y a d'avan-
» tage, qu'elles mesmes en auront plus de charité et plus
» d'amour envers leurs propres enfans, et non sans grande
» raison certes : car le avoir esté nourris ensemble est
» comme un lien qui estrainct, ou un tout qui roidit la

» bienveillance : tellement que nous voyons jusques aux » bestes brutes, qu'elles ont regret quand on les sépare » de celles avec qui elles ont esté nourries. Ainsi doncques » faut-il que les mères propres, s'il est possible, essayent » de nourrir leurs enfans elles mesmes ([1]). »

Ces belles et simples paroles de Plutarque nous prouvent d'une manière irrécusable l'obligation dans laquelle se trouvent toutes les femmes qui deviennent mères, de nourrir elles-mêmes leurs enfants. De tous les aliments, en effet, que la nature offre au nouveau-né, le lait maternel est le seul qui lui convienne. C'est celui que la Providence lui a destiné; rien, par conséquent, ne saurait le remplacer. Toutes les fois donc qu'une femme est bien constituée, toutes les fois qu'elle a une bonne santé, son propre intérêt et celui de son enfant se réunissent pour l'engager à nourrir elle-même. Faut-il ajouter que la mère qui n'éprouve pas le besoin impérieux de remplir ce devoir est, aux yeux du médecin comme aux yeux du philosophe, indigne du doux nom qu'elle porte?

Il est des circonstances cependant, beaucoup plus fréquentes qu'on ne le croit généralement, dans lesquelles la femme est obligée de faire taire tout à la fois et la voix de la nature et l'impulsion de son cœur. Nourrir un enfant est un devoir, il est vrai; mais c'est en même temps une œuvre longue, pénible, qu'un grand nombre de jeunes mères ne sont pas assez fortes pour entreprendre, et qu'elles ne doivent jamais entreprendre si elles ne peuvent la conduire à bonne fin.

Que de fois j'ai vu dans ma pratique de jeunes femmes faibles, délicates, s'obstiner à nourrir malgré moi! Quelques semaines étaient à peine écoulées, que ces mères trop zélées se plaignaient de maux d'estomac, de troubles de la digestion, de douleurs de poitrine, et qu'elles se

([1]) Plutarque, *Œuvres morales*, t. I, p. 3.

trouvaient, à leur grand regret, forcées tout à coup d'interrompre une nourriture qu'elles avaient tant désirée, et qui était à peine commencée. De là des accidents qui altéraient leur constitution pour le reste de leurs jours; de là des embarras, des changements fâcheux qui souvent compromettaient l'existence de leur nouveau-né. Tel est, chez un grand nombre de jeunes mères, le résultat presque assuré d'un zèle maternel irréfléchi ou exagéré.

Certains romanciers, certains moralistes même, suivant en cela l'exemple du philosophe de Genève, adressent chaque jour dans leurs écrits à toutes les femmes qui ne nourrissent pas des reproches qui ne peuvent évidemment s'adresser qu'à un petit nombre d'entre elles. Quelques médecins croient devoir faire comme ces romanciers, comme ces moralistes, et, d'une voix qu'ils cherchent à rendre autorisée, ils déversent, dans le silence du cabinet, loin du lit des jeunes accouchées, un blâme universel et uniforme sur toutes les mères qui confient leurs enfants à des nourrices étrangères. De telles déclamations sur le *Devoir des mères* ou sur le *Cri de la nature* ont, pour certaines lectrices, des conséquences éminemment dangereuses. Combien de jeunes femmes, en effet, qui sont loin de posséder les qualités d'une bonne nourrice, et qui, pour obéir à un sentiment d'amour-propre déplacé ou à un sentiment d'amour maternel exalté, veulent toujours et quand même nourrir l'enfant qu'elles ont mis au monde? Dans une semblable question, le médecin seul peut et doit être juge; seul il peut apprécier d'une manière saine et raisonnable les motifs qui doivent engager une femme à nourrir ou à ne pas nourrir.

Il est doux certainement pour une jeune mère de se voir récompensée des fatigues de la maternité par les caresses de l'enfant qu'elle allaite. C'est pour elle que le poète a dit :

Incipe parve puer, risu cognoscere matrem,

Mais le praticien doit toujours se placer au point de vue de l'hygiène et de la pathologie, et jamais il ne permettra à une femme de nourrir, si elle ne peut le faire sans inconvénient pour elle-même et sans inconvénient aussi pour son enfant. Pour cela, il faut non seulement qu'elle ait une bonne santé et une bonne constitution, mais il faut encore que les conditions sociales et hygiéniques dans lesquelles elle se trouve lui permettent d'entourer son enfant d'un certain bien-être physique journalier, qui lui est aussi nécessaire au moins que le lait qu'elle lui donnera chaque jour.

Dans la question de l'allaitement maternel, la position sociale de la mère joue un rôle important. « L'épouse, a » dit quelque part le Dr Bertillon, ne doit pas d'abord être » ouvrière, commerçante, compagne ou femme du monde; » elle doit, avant tout, être mère. » Ce principe, sans nul doute, est vrai, pris d'une manière absolue. Mais, en médecine, les principes ne suffisent pas; il faut en faire l'application. Ici, comme dans un grand nombre de circonstances, on doit voir le côté possible, pratique de la question. Je reconnais, certes, avec mon savant confrère, que l'ouvrière est mère avant tout; personne ne saurait le contester; mais, moins heureuse que beaucoup d'autres mères, cette ouvrière se trouve quelquefois, et à cause même des joies de la maternité, aux prises avec le besoin, aux prises avec les plus dures nécessités de la vie. Si donc elle obéit au principe énoncé plus haut, ou plutôt si, obéissant au doux instinct de la nature, elle nourrit elle-même l'enfant que le ciel lui a donné, que deviendra son travail, à chaque instant interrompu par les soins de l'allaitement? Que deviendront ses journées, qui sont souvent son seul et unique gagne-pain? Que deviendra son nouveau-né lui-même, continuellement couché dans une mansarde sans air, sans soleil, quand il aurait besoin d'un air vif et pur, d'une insolation incessante, pour remédier autant que possible aux qualités peu réparatrices du lait maternel? N'est-il pas évident que, dans de telles conditions, cette femme ne doit pas nourrir? Ici donc, contrairement à l'opinion du Dr Bertillon, c'est le cœur de la mère qui fera comprendre à l'ouvrière qu'elle doit s'abstenir de nourrir son enfant, et qui lui fera voir que, dans l'intérêt même de son nouveau-né, elle doit le mettre en nourrice à la campagne. Il me serait facile de prouver qu'un très grand nombre de femmes, à Paris, sont obligées d'agir ainsi.

Toutes les fois qu'il s'agit des nouveau-nés, il faut se rappeler cette maxime du père de la médecine : *Aer pabulum vitæ,* maxime trop souvent méconnue dans les grandes villes. Que d'enfants, en effet, qui ont été nourris par des mères bien portantes, bien constituées, et qui sont devenus lymphatiques, scrofuleux, tuberculeux même, pour avoir passé leurs premières années dans des chambres basses et étroites, dans des rez-de-chaussée humides, dans des cours sans soleil! La position sociale de la femme qui veut nourrir, les obligations que lui impose son genre de vie, les conditions hygiéniques dans lesquelles elle se trouve, doivent toujours être prises en sérieuse considération par le médecin, et constituent autant de motifs qui peuvent souvent, très souvent même, empêcher une mère d'allaiter son enfant.

« Vouloir obtenir des enfants robustes sans qu'ils res-
» pirent l'air libre, pur et riche de l'élément de la vie, a
» dit avec raison le Dr Leroy; vouloir en des villes très
» populeuses, et surtout en certains quartiers où l'air cir-
» cule mal, élever des enfants aussi forts, aussi robustes
» que ceux qui sont nourris en liberté dans les campagnes,
» c'est élever des poissons en un vase et les vouloir obtenir
» aussi beaux que ceux qui vivent en liberté au milieu
» des eaux vives et courantes. Les soins maternels, sans
» doute, sont très nécessaires à la conservation des en-

» fants; la tendresse éclairée des mères peut leur pro-
» curer les aliments les meilleurs; mais il leur faut encore
» les aliments élémentaires de la vie, les éléments ren-
» fermés dans l'air qu'ils respirent (1). »

Lycurgue avait si bien compris l'importance d'un air vif et pur dans l'éducation physique des enfants, qu'il avait établi un usage qui tenait ces derniers à la campagne jusqu'à sept ans. A cet âge seulement il leur permettait de venir habiter la maison paternelle. La constitution de Lycurgue était pauvre de lois; mais nous devons reconnaître, nous qui en avons tant, qu'elle était riche de bonnes coutumes et de bonnes habitudes.

Conseiller l'allaitement maternel dans tous les cas d'une manière exclusive, absolue, est une erreur qui peut avoir, à mes yeux, de tristes et fâcheuses conséquences. Telle est bien souvent la seule cause de la constitution rachitique de ces petits êtres pâles et débiles, de ces charmantes poupées à figure de cire qui peuplent nos promenades publiques, et qui seraient devenus de robustes enfants si on leur eût donné dès leur naissance le lait réparateur d'une nourrice saine et vigoureuse. Quand on considère les conditions déplorables dans lesquelles sont élevés les enfants des grandes cités, les sources impures où ils puisent les principes de la vie, de la force et de la santé, on comprend l'état d'étiolement dans lequel ils se trouvent presque tous, et l'on reconnaît combien le Dr Donné a eu raison lorsqu'il a dit « qu'il n'y avait ni
» force ni santé pour les enfants des grandes villes, s'ils
» n'étaient allaités par de bonnes nourrices. »

Ces considérations démontrent que toutes les femmes qui sont faibles ou maladives, toutes celles qui vivent dans de mauvaises conditions hygiéniques doivent, malgré tout ce que l'on a pu dire à cet égard, s'abstenir de

(1) *Médecine maternelle*, p. 133. J. Baillière. Paris, 1830.

nourrir. Dans leur intérêt et dans celui de leur nouveau-né, elles doivent confier ce dernier à une nourrice étrangère. Je dirai plus : pour beaucoup de jeunes mères, c'est un devoir de subir cette cruelle nécessité.

Je ne parle pas de l'allaitement artificiel ou de l'éducation au biberon. Cette manière d'élever les enfants exige tant de précautions, est environnée de tant de difficultés, que l'on peut, à bon droit, la considérer comme impraticable dans les grandes villes. Toujours difficile, même à la campagne, où elle ne réussit que dans des cas rares et exceptionnels, cette méthode est commode, précieuse même, lorsque les nourrissons se trouvent atteints de maladies inoculables. Hors ces cas, trop fréquents malheureusement, elle ne peut être tentée que chez des enfants forts et bien portants, et ne doit jamais être employée que par des femmes très expérimentées.

L'éducation au biberon, adoptée d'une manière exclusive par certaines administrations hospitalières ou départementales chez les enfants assistés et chez les Enfants Trouvés, est la cause principale de la mortalité qui, dans certains départements, règne parmi ces nouveau-nés. Il est regrettable, au double point de vue de la morale et de l'humanité, qu'un mode d'alimentation qui offre si peu de chances de réussite, soit précisément le seul mis en usage chez des enfants qui sont déjà naturellement faibles, et qui se trouvent encore débilités par le régime irrationnel que leur impose, pendant les premiers jours de leur naissance, la charité hospitalière moderne. Aussi ces nouveau-nés sont-ils presque partout fatalement voués à la mort.

J'ai, pendant dix-huit ans, été chargé du service des Enfants Trouvés dans l'arrondissement de Nogent-le-Rotrou. Je n'ai cessé, pendant ces dix-huit années, de regretter que les inspecteurs des enfants trouvés ne soient pas toujours des médecins. Si ces fonctionnaires étaient moins étrangers qu'ils ne le sont aux connaissances médicales les plus usuelles, ils rendraient de grands services à la cause de l'humanité. C'est ainsi qu'en présence des faits déplorables dont ils sont tous les jours témoins, ils s'empresseraient de demander, de la manière la plus formelle, la *suppression immédiate* de l'alimentation artificielle chez les enfants assistés et chez les enfants trouvés, puisqu'il est aujourd'hui parfaitement établi que cette méthode ne réussit que chez des enfants forts et bien portants; et tout le monde sait que les enfants naturels sont en général plus faibles que les enfants légitimes.

L'alimentation au biberon offre d'autant plus de dangers chez les enfants assistés, que les formalités aujourd'hui nécessaires pour le placement de ces enfants, les lenteurs administratives qui en résultent, sont cause que ces nouveau-nés sont, pendant quelques jours, peu ou mal nourris par leurs mères ou par l'administration elle-même, et qu'ils se trouvent la plupart du temps atteints du muguet lorsqu'ils arrivent chez leurs nourrices. L'allaitement au sein suffirait presque toujours pour faire disparaître cette maladie, lorsqu'elle commence. La succion opérée sur l'extrémité plus ou moins dure du biberon la provoque, au contraire, et l'augmente lorsqu'elle existe.

Les inconvénients du biberon chez les enfants assistés sont encore aggravés par la malheureuse habitude que l'on a prise depuis quelques années dans les hôpitaux d'accouchement de vacciner ces enfants le jour même ou le lendemain de leur naissance. Il résulte de là que ces petits êtres, déjà si faibles, n'arrivent chez leurs nourrices qu'au bout de quelques jours, ayant déjà souffert, souvent atteints de sclérème, et ayant, outre le muguet, la fièvre vaccinale. Dans de telles conditions, la plupart d'entre eux refusent de prendre le sein et meurent de faim. *Là où un Enfant Trouvé, déposé au tour et mis immédiatement en nourrice, aurait vécu, un enfant assisté, grâce aux secours lents et insuffisants qu'on lui donne, succombe.*

L'agglomération chez la même nourrice de plusieurs enfants assistés ou de plusieurs enfants trouvés, permise à tort par l'administration, est pour ces nouveau-nés une cause fréquente de maladie ou même de mort qui vient encore s'ajouter aux inconvénients du biberon. Voilà des faits que les inspecteurs des enfants trouvés ne devraient jamais ignorer, et dont ils devraient signaler toute la gravité à l'autorité compétente.

J'ai vu, comme un grand nombre de mes confrères, de si tristes résultats de l'alimentation artificielle adoptée comme méthode générale chez ces enfants, que je ne puis m'empêcher de déplorer qu'il se trouve aujourd'hui encore quelques personnes tentées de soutenir un système que tous les praticiens condamnent, et qui, à ce titre seul, devrait être banni de toutes nos institutions de charité. Les conditions d'existence, ou plutôt les conditions de mort, dans lesquelles on place les enfants assistés et les enfants trouvés dans certains départements, loin donc d'être autorisées, surveillées, *inspectées* comme elles le sont aujourd'hui, devraient être signalées partout comme impossibles, inhumaines, et *immédiatement supprimées.*

Il me serait facile, en rappelant mes souvenirs, de citer des faits nombreux à l'appui de l'opinion que j'émets ici, et qui est, je suis heureux de le constater, partagée par tous les hommes qui se sont occupés d'une manière spéciale de la question des enfants trouvés.

Un de nos plus honorables confrères, qui a été pendant de longues années inspecteur des enfants trouvés dans les Hautes-Pyrénées, le Dr Dimbarre, aujourd'hui médecin inspecteur de Cauterets, m'écrivait il y a quelque temps : « Quoique notre département des Hautes-Pyrénées soit » privilégié sous le rapport des secours aux enfants » trouvés, j'ai constaté à plusieurs reprises, pendant mon » inspection de ce service, qui a duré quinze ans, que

» lorsque nous avions huit ou dix enfants à la fois sans »
» pouvoir les donner à une nourrice, malgré les soins les
» plus assidus, la *nourriture au biberon augmentait du*
» *double au triple la mortalité.* »

Qu'il me soit permis de transcrire ici quelques passages d'une lettre que m'adressa, il y a quelques années, sur le même sujet, M. de Saint-Laumer, administrateur des enfants trouvés du département d'Eure-et-Loir. A cette époque, M. de Saint-Laumer était, comme tous les hommes qui ont consacré leur vie à l'étude de cette question, vivement ému du bouleversement produit dans la société et dans la condition des enfants trouvés, par la suppression des tours [1] et par les changements conti-

[1] La question de la suppression des tours, l'une des plus graves questions de morale dont on puisse s'occuper, avait été posée dans le programme du Congrès médical de Bordeaux. Les orateurs qui l'ont traitée, mettant de côté toute considération médicale et ne s'appuyant que sur des documents administratifs, ont cherché à démontrer que cette suppression était une excellente chose, au triple point de vue de la morale, de l'économie et du *bien-être* des enfants trouvés, appelés aujourd'hui enfants assistés. Il est regrettable que le peu de temps dont le Congrès pouvait disposer à cette séance, n'ait pas permis d'ouvrir une discussion sur ce sujet. Il eût été facile, en citant des documents d'une autre nature, de faire voir que le tour, triste nécessité de la civilisation, doit être rétabli, dans l'intérêt de la morale, de la religion, et principalement dans l'intérêt des enfants trouvés.

Les économies dont on fait depuis quelques années un si grand étalage, se traduisent, en définitive, par une mortalité excessive de ces enfants, dont un *grand nombre meurent avant d'avoir été admis au bénéfice de l'assistance.* De là vient la prétendue diminution de la mortalité chez ces nouveau-nés. Les secours que l'on accorde aux filles-mères, tout à fait insuffisants pour leur permettre d'allaiter leurs enfants elles-mêmes, deviennent dès lors une prime à l'immoralité, et fournissent à ces malheureuses un moyen commode et facile de se débarrasser de leurs nouveau-nés, en les plaçant *au rabais* chez des femmes qui les élèvent au biberon, et chez lesquelles ils ne tardent pas à mourir.

Si l'on veut savoir ce qui se passe à cet égard à Bordeaux même, il faut écouter M. Bethmann, administrateur de l'hospice des Enfants-Assistés. « Des femmes qui se sont donné le nom de cour-

nuels introduits dans le régime de ces nouveau-nés. Il était surtout singulièrement préoccupé de la mortalité excessive qu'il remarquait chez ces enfants, mortalité dont les causes sont partout les mêmes.

Voici comment s'exprimait cet honorable et consciencieux administrateur :

« Depuis 1828, surtout, ces malheureux enfants sont » devenus presque chaque année l'objet *de nouvelles » mesures d'économie administrative et d'expériences* qui, » rarement, ont tourné à leur avantage..... En 1851, on

tières, et jusqu'à un certain point autorisées, si elles ne sont pas » imposées, dit cet honorable administrateur, surveillent la sortie des » filles-mères à la Maternité, à la Clinique d'accouchements, à la » porte des sages-femmes, et se chargent de procurer aux mères, pour » leurs enfants, des nourrices dans les localités déterminées par » l'administration. Elles emportent, le plus souvent, les enfants » nouveau-nés dans des corbeilles, sans se préoccuper de les nourrir, » et traitent à forfait, à prix débattu, avec de pauvres paysannes qui » se chargent d'élever ces pauvres petites créatures comme elles » élèvent leur bétail, leurs volailles, et cela pour un minime salaire » trimestriel. La différence qui existe entre le prix consenti par la » mère et le prix payé à la nourrice constitue le bénéfice de la cour- » tière ; on peut concevoir alors combien elles lésinent, combien leur » intérêt doit prédominer sur le bien-être du nourrisson. Un désordre » regrettable eut lieu dans les premiers temps ; l'essai ou la mise en » vigueur du nouveau système *a coûté la vie à un grand nombre d'en- » fants*. Sans vouloir donner plus de crédit qu'il ne mérite au dire » populaire, je répéterai seulement, *pour donner une idée de cette affreuse » mortalité*, que les populations du Blayais, n'ayant aucune connais- » sance des circulaires ministérielles, et ignorant la suppression de » l'intervention hospitalière, que ces populations, dis-je, prétendirent » que l'*Hospice de Bordeaux, pour se débarrasser de ces malheureux enfants, » les empoisonnait avant de les faire partir.* » (*Notes sur le service des enfants trouvés*, p. 8.)

Une autre conséquence de la suppression des tours est le nombre sans cesse croissant, dans toutes les classes de la société, des avortements et des infanticides, dont la plupart demeurent impunis, il est vrai, mais qui n'en sont pas moins réels.

Tels sont, dans le plus grand nombre de nos départements, les tristes résultats d'une mesure qui a été prise, dit-on, au nom de la morale et de l'humanité.

» se plaignait des nourrices : 20 enfants au-dessus d'un » an ont été *choisis parmi les plus forts,* et envoyés, *par » ordre supérieur,* à la colonie de Bonneval pour être » allaités dans cet établissement. *Sur ces 20 enfants, 18 » sont morts en quelques mois..... On ne voulait plus » d'enfants trouvés, le but est bien près d'être atteint.....* » Le département d'Eure-et-Loir est peut-être celui où » l'organisation du service des enfants trouvés avait été » préparée avec le plus de soin et de générosité. Dépôt » central, colonie agricole, comité de patronage, sacrifices » considérables de la part des hospices de Chartres; il » avait été fait autant que possible. Aussi, *là où l'on a pu » agir avec quelque suite,* des résultats vraiment remar- » quables ont été obtenus..... Cette question des Enfants » Trouvés *gonfle le cœur* dès qu'on s'y arrête, et l'on est » d'autant plus heureux de rencontrer sur ce terrain des » personnes sympathiques, que la rencontre de ces per- » sonnes est bien rare. »

Est-il possible de ne pas se sentir ému à la lecture de ces quelques lignes?

Le département des Hautes-Pyrénées et celui d'Eure-et-Loir ne sont pas les seuls dans lesquels l'éducation au biberon et les nouvelles mesures d'économie administrative produisent des résultats déplorables. Un grand nombre de nos départements présentent un spectacle tout aussi affligeant. Le département de la Gironde, malgré sa richesse, peut-être même à cause de sa richesse, brille au premier rang. Je trouve la preuve de ces faits dans les *Notes sur le service des enfants assistés* de ce département, qu'a publiées M. Bethmann, que je viens de citer. Les plaintes que fait entendre cet habile et courageux administrateur, offrent une analogie frappante avec celles que vient de faire entendre M. de Saint-Laumer. Je dois la connaissance de ces *Notes,* que le cœur seul a dictées, à la bienveillante amitié du docteur

Gintrac, Directeur de l'École de Médecine de cette ville.

« Des rumeurs graves qui prirent plus tard une certaine » consistance, dit M. de Bethmann, nous apprirent, il y a » quelques jours, qu'une mortalité effrayante régnait » parmi les enfants des filles-mères *nourris artificiellement* » et placés en dehors de la surveillance de la Commis- » sion des hospices de cette ville, dans les communes de » Pugnac, Saint-Christoly et Cezac. »

L'économe de l'Hospice des Enfants fut envoyé dans les communes indiquées pour s'assurer de la réalité des bruits qui couraient. Voici les propres paroles de ce fonctionnaire : « Tous les faits signalés sont malheureu- » sement vrais, et l'une des personnes les plus notables » que j'ai eu occasion de consulter, *m'a dit* que les habi- » tants de sa commune étaient persuadés que l'*Adminis-* » *tration plaçait les enfants d'une manière aussi déplorable* » *dans l'intention d'en débarrasser la société.* »

« Ces enfants, ajoute M. Bethmann, sont confiés aux » habitants les plus pauvres. Quelquefois, ce sont des » vieillards infirmes qui sont chargés de soigner les » enfants pendant que les femmes sont aux champs ou » en journée.

» *Tous ces malheureux petits êtres sont nourris au bibe-* » *ron,* moyen *réprouvé par tous les praticiens,* et cet » allaitement a lieu avec des ustensiles plus ou moins » propres, avec du lait plus ou moins frais ; aussi, *la* » *mortalité a-t-elle été effrayante* parmi ces jeunes nour- » rissons.

» A Saint-Christoly, 11 enfants confiés à 5 gardiens » sont décédés en 1862.

» A Saint-Savin, 5 enfants décédés, dont 2 chez le » même gardien.

» A Pugnac, sur 31 enfants, 25 sont décédés en 1862, » 5 en 1863.

» Ces enfants étaient confiés à 9 gardiens ; *un seul était*

» *nourri au sein*. La femme Barreau avait charge à elle » seule de 7 enfants; la femme Georgette de 6 (1). »

Je doute qu'en Chine, où l'on tue ostensiblement les enfants qui sont en trop grand nombre, le massacre des nouveau-nés puisse jamais être aussi complet que l'est, dans certaines communes rurales de notre France civilisée, le massacre des Enfants Trouvés ou celui des nourrissons.

Les faits que je viens de rapporter avaient paru tellement graves à la Commission administrative des hospices de Bordeaux, accusée à tort par l'opinion publique, que M. Bethmann, l'un des membres de cette Commission, voulait faire connaître les véritables causes de cette mortalité insolite à l'Impératrice, protectrice née de l'enfance souffrante. Le but de cet honorable administrateur était, en adressant une lettre à ce sujet à l'Impératrice, d'appeler en même temps l'attention de Sa Majesté sur le triste état des enfants trouvés en France. Au moment où M. Bethmann allait déposer aux pieds du trône cette lettre, qu'il a bien voulu me communiquer, il a été question à Bordeaux d'un projet d'enquête qui a dû naturellement tout suspendre.....

Quel que soit le résultat des espérances et des économies administratives qui se formulent en ce moment à cet égard sur tous les points de la France, le médecin peut affirmer d'avance que la mortalité horrible qui règne chez les enfants trouvés, assistés, abandonnés, etc., ne diminuera que lorsque le système adopté à l'égard de ces nouveau-nés *sera entièrement et radicalement modifié*, c'est-à-dire lorsqu'on cessera :

1° De les nourrir au biberon;

2° De les vacciner dans les hôpitaux au moment même de leur départ pour la campagne;

(1) Bethmann, *Notes sur le service des enfants assistés*, in-4°, Bordeaux, 1863, page 14.

3° De les réunir en nombre plus ou moins grand chez une même nourrice.

Cette opinion, qui est le résultat des observations que j'ai faites pendant dix-huit années consécutives dans le département d'Eure-et-Loir, sera, je n'en doute nullement, partagée par tous ceux de mes confrères qui s'occupent des maladies de l'enfance, ou qui sont, comme je l'ai été moi-même pendant de longues années, chargés d'un service considérable de nourrices.

Lorsqu'une femme se trouve dans l'impossibilité de nourrir, il faut évidemment, puisque l'allaitement artificiel ne peut remplacer l'allaitement maternel, que cette mère déshéritée par la nature choisisse une nourrice qui donne à son nouveau-né le lait qu'elle ne peut lui fournir elle-même. Le médecin seul est apte à faire ce choix. Malheureusement, dans beaucoup de familles, il n'est pas toujours consulté; des idées d'économie, certaines convenances sociales, passent souvent avant les sages conseils que pourrait donner à cet égard un praticien expérimenté.

Tous les philosophes de l'antiquité ont insisté avec une haute raison sur les soins spéciaux que réclame la première éducation des nouveau-nés. Tous ont dit combien il importe de ne confier un enfant qu'à une bonne nourrice; tous ont dit de combien de garanties on doit environner le choix que l'on fait de cette femme. Varron, entre autres, dit en parlant de l'éducation : « *Educit obstetrix, educat nutrix, instituit pedagogus, docet magister.* » On comprend, en envisageant l'éducation à ce point de vue, le rôle important que la nourrice jouait dans l'antiquité, l'influence qu'elle exerçait sur la société. Chez les anciens, les femmes dont le lait mercenaire avait réparé la constitution affaiblie d'un nouveau-né étaient, par cela seul, relevée aux yeux de tous; on les appelait des *secondes mères*. Partout, dans la tragédie antique, nous voyons les nourrices entrer esclaves dans le palais des rois, obtenir leur liberté, puis devenir plus tard les confidentes du royal enfant qu'elles ont élevé.

Plutarque, dans ses *Œuvres morales,* ne dédaigne pas de s'occuper de ce sujet. Il recommande avec instance aux mères qui ne peuvent pas nourrir de ne pas prendre pour allaiter leurs nouveau-nés *la première femme venue.* « S'il n'est possible aux mères, dit-il, de nourrir leurs » enfants pour aucune imbécillité ou indisposition de » leurs personnes, comme il peut bien advenir, à tout le » moins faut-il avoir l'œil à choisir les nourrices et gou- » vernantes, non pas prendre les premières qui se présen- » teront, ains les meilleures que faire se pourra, qui soient » premièrement Grecques quant aux meurs; car plus ne » moins qu'il faut, dès la naissance, dresser et former les » membres des petits enfans, à fin qu'ils croissent tous » droits, et non tortus ne contrefaicts; aussi faut-il, dès » le premier commencement, accoustrer et former leurs » meurs, par ce que ce premier aage est tendre et apte » à recevoir toute sorte d'impression que l'on luy veut » bailler [1]. » Puis il joint l'exemple au précepte, et afin de démontrer l'importance que peuvent avoir chez les nouveau-nés l'*accoustumance et la diversité de nourriture,* il raconte avec une naïveté charmante l'histoire suivante :

« Lycurgue, celuy qui establit les lois des Lacédémo- » niens, prit un jour deux jeunes chiens de nez de mesme » père et de mesme mère, et les nourrit si diversement, » qu'il en rendit l'un gourmand et goulu, ne sachant » faire autre chose que mal, et l'autre bon à la chasse et » à la queste; puis un jour que les Lacédémoniens estaient » tous assemblez sur la place, en conseil de ville, il leur » parla en ceste manière : « C'est chose de très grande » importance, seigneurs Lacédémoniens, pour engendrer

[1] *Œuvres morales*, t. I, p. 2.

» la vertu au cœur des hommes, que *la nourriture et* » *l'accoustumance,* ains comme je vous feray voir et toucher » au doigt tout à ceste heure. » En disant cela, il amena » devant toute l'assistance les deux chiens, leur mettant » au devant un plat de souppe et un lièvre vif; l'un des » chiens s'en courut incontinent après le lièvre, et l'autre » se jetta tout aussi tost sur le plat de souppe. Les Lacé- » démoniens n'entendaient point encore où il voulait » venir, ni que cela voulait dire, jusques à ce qu'il leur » dit : « Ces deux chiens sont nez de mesme père et de » mesme mère; mais ayant été *nourris diversement,* l'un » est devenu gourmand, et l'autre chasseur. Cela donc- » ques suffise quant à ce point de l'*accoustumance* et de » la *diversité de la nourriture* (1). »

Comment ne pas être surpris après cela de l'insouciance et de la légèreté avec lesquelles un grand nombre de femmes acceptent aujourd'hui sans la choisir, souvent même sans la voir, la nourrice qui doit les remplacer auprès du nouveau-né dont elles vont se séparer? Que de mères, en effet, sans se préoccuper des qualités, des perfections que doit posséder une nourrice, vont à tout hasard chercher cette femme, que les anciens considéraient comme *une seconde mère,* dans un bureau qui ne leur offre, la plupart du temps, aucune garantie, et dans lequel elles ne voudraient certainement prendre ni une femme de confiance, ni même une femme de chambre!

Que toutes les mères de famille, soucieuses de la santé de leurs nouveau-nés, suivent donc, dans cette circonstance, les exemples que leur ont légués les siècles passés; qu'elles n'accordent rien à la précipitation ni aux convenances, et qu'elles recherchent toujours dans la femme qui doit allaiter leur enfant les qualités physiques qu'exige le médecin, les qualités morales qu'exige le philosophe.

(1) *Œuvres morales,* t. I, p. 3.

Qu'elles écoutent, en un mot, le conseil bien simple, mais bien vrai, que leur donne à cet égard l'auteur d'*Émile*. Ce sage conseil, qui brille au milieu d'un grand nombre de paradoxes, résume à lui seul tout ce que nous avons dit : « S'il nous faut une nourrice étrangère, dit Jean-Jacques, commençons par la bien choisir. »

CHAPITRE II

Une mère peut confier son enfant à une nourrice de deux manières différentes : elle peut prendre une nourrice chez elle (nourrice sur lieu); elle peut mettre son enfant à la campagne.

Lorsqu'une femme prend une nourrice dans sa propre maison, elle ne se sépare pas de son enfant et peut surveiller elle-même les soins qu'il reçoit. Ce nouveau-né continue à faire partie de la famille et se trouve, par conséquent, dans les conditions ordinaires de vie et de mort des enfants élevés chez leurs parents. Je n'ai nullement à m'occuper de la mortalité de ces nourrissons.

Les femmes riches peuvent seules agir de cette manière. Les mères que leur santé, leurs occupations ou tout autre motif empêchent de nourrir elles-mêmes, et qui, cependant, ne peuvent pas prendre de nourrice chez elles, sont en bien plus grand nombre. Elles sont surtout bien plus nombreuses à Paris et dans les grandes villes. Il faut donc que ces mères déshéritées de la fortune, mais tout aussi aimantes que les autres, puissent trouver des nourrices auxquelles elles confient leurs nouveau-nés. Or, à moins de relations fréquentes avec la province, relations que tout le monde n'a pas, il est difficile de rencontrer à la campagne des femmes dignes d'une telle confiance.

Le commerce, toujours à la recherche des occasions de lucre, s'est naturellement présenté comme l'intermédiaire nécessaire entre les femmes de la campagne désireuses de trafiquer de leur lait et les mères de famille obligées de recourir à leurs services. Dès l'année 1284, il s'était établi à Paris, dans une rue située près du Prieuré de Saint-Éloi, des femmes appelées *Recommandaresses*, dont le métier consistait à procurer des nourrices aux habitants de la capitale. Les rapports qui eurent forcément lieu entre les parents et les nourrices ne tardèrent pas à faire naître entre eux des discussions de tous genres, les uns et les autres se trouvant continuellement exploités par les meneurs, hommes grossiers, sans éducation, qui étaient alors, comme ils le sont encore maintenant, les seuls entremetteurs de ce genre d'industrie. Alors comme aujourd'hui, ces meneurs conduisaient les nourrices à Paris et emmenaient les nouveau-nés à la campagne. De honteuses spéculations, des malversations de toute nature ne cessèrent de signaler ce genre de commerce et compromirent plus d'une fois la santé, la vie même des enfants. Aussi voyons-nous, dès ces temps reculés de notre histoire, l'autorité continuellement occupée à réglementer l'industrie des nourrissons, continuellement occupée à imposer aux meneurs et aux nourrices les mesures les plus sévères, concernant la morale, l'hygiène et la sécurité publique.

L'ordonnance la plus ancienne que l'on trouve à cet égard est celle du roi Jean, du 30 janvier 1350. Cette ordonnance circonscrit l'industrie des nourrices dans quelques mains privilégiées, et règle les rapports d'intérêt qui doivent exister entre ces femmes et les familles qui les emploient. Elle est ainsi conçue :

« Nourrices nourissant enfants hors de la maison du
» père et de la mère, gaigneront et prendront cent sols
» l'an, et non plus, et celles qui jà sont allouées revien-
» dront au dit prix et seront contraintes faire leur temps,
» et qui fera le contraire, il sera à 60 sols d'amende, tant le
» donneur comme le preneur. »

« Les recommandaresses qui ont accoutumées à louer
» chambrières et nourrices, auront pour commander ou
» louer une chambrière 18 deniers tant seulement, et

» d'une nourrice 8 sols tant d'une partie comme d'autre, » et ne les pourront louer ni commander qu'une fois l'an, » et qui plus en donnera et en prendra, il l'amendera de » 10 sols, et la recommandaresse qui deux fois en un an » louera chambrière ou nourrice sera punie par prise de » corps au pillory. »

Plus tard, en 1611, un arrêt du Parlement soumet cette industrie à des règles précises et condamne « à 50 livres » d'amende et à la prison pour la première fois et à une » punition corporelle en cas de récidive, les meneurs » conduisant les nourrices ailleurs qu'au bureau des re- » commandaresses, et à une amende les sages-femmes et » aubergistes, recevant, retirant ou louant des nourrices. »

Ces prescriptions sont tellement sages, elles sont d'une utilité pratique tellement incontestable, que les temps modernes n'ont, en vérité, rien à leur envier.

Le nombre des recommandaresses, depuis longtemps fixé à quatre, se trouve en 1615 confirmé par lettres-patentes de Louis XIII, renouvelant la *défense à toutes autres personnes de se mêler de procurer des nourrices.*

L'autorité, il faut bien l'avouer, comprenait alors beaucoup mieux peut-être qu'elle ne le fait aujourd'hui la déplorable influence que l'industrie des nourrissons exerce sur le caractère déjà si mercantile des femmes de la campagne. Suivons dans leur ordre chronologique les ordonnances et les règlements relatifs à cette industrie. Nous verrons qu'une haute idée de morale a toujours présidé aux mesures qui ont été prises à l'égard des meneurs et des nourrices.

Le 29 janvier 1715, une ordonnance royale faisait défense aux nourrices, en cas de grossesse ou de toute autre maladie, de prendre ou recevoir chez elles des enfants pour les allaiter, sous peine du fouet et de 50 livres d'amende, payables par leurs maris.

Une autre ordonnance de 1724 défend aux nourrices

« d'avoir deux nourrissons à la fois, sous peine de l'amende » et du fouet. »

Le 1er juin 1756, une sentence du Châtelet de Paris fait défense à toutes les nourrices « de mettre coucher à côté » d'elles, dans le même lit, les nourrissons confiés à leurs » soins, sous peine d'une amende de 100 livres pour la » première fois, et d'une punition corporelle exemplaire » en cas de récidive. »

En 1757, nouvelle sentence qui interdit aux nourrices, sous peine du fouet et de 50 livres d'amende, « de prendre » des nourrissons étant enceintes, » et qui leur prescrit, dans le cas où cela leur arriverait, « d'en prévenir aussitôt » les parents. »

Une autre ordonnance de 1762 défend enfin aux nourrices « de se charger de nourrissons avant le sevrage de » leur enfant, lequel ne peut être âgé de plus de sept mois. »

Malgré ces arrêts, malgré ces sentences, malgré ces ordonnances, toutes plus sages, toutes plus judicieuses les unes que les autres, et que l'autorité actuelle aurait bien dû copier, il y eut de tels abus, il y eut une telle immoralité dans cette industrie, qu'on fut enfin obligé de l'enlever aux femmes qui en étaient spécialement chargées. Un édit royal supprima définitivement, en 1769, la vieille institution des recommandaresses, fondée par nos pères, et en fit une branche de l'administration publique. (Décl. du 12 juillet 1769.)

Ainsi se trouva fondé le bureau des nourrices de Paris (grand bureau), qui, sans aucun intérêt de lucre et sans autre but que celui d'empêcher des fraudes toujours préjudiciables aux particuliers et à l'État, a pour mission de *procurer aux mères de famille des nourrices dont la santé, la moralité et la position ont été préalablement constatées, et d'assurer en même temps à ces femmes la parfaite intégrité de leurs salaires.*

Le bureau des nourrices de Paris a pendant longtemps

été une dépendance de l'administration des hospices. Ce bureau est aujourd'hui une direction qui dépend de l'administration générale de l'assistance publique de la ville de Paris. (Loi du 10 janvier 1849.) Un règlement spécial a pourvu en 1851 à sa réorganisation.

La direction des nourrices est représentée dans tous les arrondissements, où elle place des enfants par un agent spécial, qui prend le titre de sous-inspecteur. Ce sous-inspecteur choisit les nourrices, de concert avec les médecins, et les envoie à Paris par des surveillantes de son choix. Il pourvoit, dans le ressort de son arrondissement, à l'exécution des règlements, surveille les nourrices, visite les enfants, correspond avec les médecins et les autorités locales, et transmet à l'administration tous les renseignements dont elle peut avoir besoin. Il est, en outre, chargé de faire tous les paiements.

Des médecins nommés dans chaque canton visitent les nourrissons au moins une fois par mois et, en cas de maladie, aussi souvent qu'il est nécessaire.

Tous les ans, la direction envoie des inspecteurs des enfants trouvés, qui sont chargés de vérifier la comptabilité des sous-inspecteurs et de contrôler leurs actes et ceux du médecin. Ces inspecteurs visitent aussi les nourrices et les enfants.

Les nourrices s'obligent de leur côté, vis à vis de l'administration, à nourrir les enfants qu'on leur confie de leur propre lait, à en prendre tous les soins convenables, à ne point accepter d'autre nourrisson et à appeler le médecin s'ils sont malades.

Toute nourrice qui se rend à la direction doit, avant d'être visitée, être munie d'un certificat constatant « qu'elle est de bonnes vie et mœurs; qu'elle a un garde-» feu et un berceau pour son nourrisson; qu'elle a sevré » son propre enfant, dont l'âge est fixé d'une manière » authentique par l'extrait des registres de l'état civil de

» sa commune, et qu'elle n'a pas d'autre nourrisson. » Ce certificat est, en outre, signé par deux médecins chargés, l'un de visiter la nourrice, l'autre de la contre-visiter. Il est impossible, on le voit, d'exiger plus de garanties.

Pendant leur séjour à Paris, les nourrices logent à la direction. Le prix des mois de nourriture est fixé de gré à gré entre ces femmes et les familles qui s'adressent à elles par l'entremise du bureau.

Les obligations de la direction envers les parents sont de garantir la santé et la moralité de la nourrice, de surveiller celle-ci, ainsi que son nourrisson, pendant l'allaitement; envers les nourrices, de leur garantir le paiement des mois de nourriture. Mais la direction ne garantit le paiement intégral des mois de nourrice que jusqu'à concurrence de 12 fr. par mois et pendant les dix premiers mois seulement.

Comme un grand nombre de parents sont trop pauvres pour remplir les engagements qu'ils ont pris envers les nourrices, l'administration municipale de la ville de Paris, s'associant à une œuvre que l'on ne saurait trop encourager, alloue chaque année à la direction une subvention destinée à combler le déficit provenant des mois de nourrice non payés par les familles, et à solder les mois de nourriture des enfants assistés. Cette subvention atteint un chiffre très élevé (de 200,000 à 300,000 fr.).

Telle est l'organisation de la direction municipale des nourrices de la ville de Paris, organisation excellente sous tous les rapports, et qui n'aurait besoin que de quelques modifications de détails pour atteindre entièrement le but qu'elle se propose et rendre d'incalculables services à la population parisienne.

« Comme tout ce qui est entre les mains de l'autorité, » dit le docteur Donné, la direction générale mérite la » plus grande confiance et satisfait à toutes les conditions » d'une bonne et sage hygiène. Malheureusement, ses

» intentions charitables se trouvent paralysées par l'in-
» dustrie privée, qui a établi, pour faire concurrence à
» l'administration, des bureaux particuliers de placement
» pour les nourrices, dans lesquels la spéculation, prenant
» la première place, a trop souvent méconnu les lois de
» l'hygiène et les droits de l'humanité.

» Les bureaux particuliers de nourrice qui se sont
» élevés clandestinement, et peu à peu multipliés au point
» de tout envahir, font à la direction générale une con-
» currence sous laquelle elle succombe. La concurrence,
» si favorable aux progrès de l'industrie lorsqu'elle est
» franche et loyale, produit ici des effets désastreux.....
» Ce n'est point par la qualité des nourrices que l'industrie
» privée triomphe de l'administration, c'est à l'aide de
» primes offertes aux sages-femmes et, il faut le dire, à
» beaucoup de médecins, qu'elle parvient à exploiter le
» public. Chaque location de nourrice donne droit à une
» remise de 5 à 10 fr. pour celui qui la procure au bureau
» particulier, et c'est là ce qui détermine la préférence
» des sages-femmes pour tel ou tel bureau, ce qui les
» rend faciles sur le choix des nourrices et ce qui fait la
» fortune des établissements particuliers au détriment de
» la direction générale.

» L'administration connaît le mal, mais elle est impuis-
» sante à le réparer. Très souvent, on lui a offert de venir
» à elle aux mêmes conditions, mais elle a dû repousser
» l'emploi de tel moyen. *De là, le peu de fruit que l'on*
» *tire pour le bien des enfants et de la population, de l'ex-*
» *cellente organisation de la direction générale.* Ce n'est
» plus qu'un bel échafaudage dont l'entretien coûteux
» devient de moins en moins utile chaque jour, et qui ne
» sert tout au plus qu'à fournir de nourrices les malheureux
» trop pauvres pour avoir des intermédiaires et qui s'adres-
» sent directement à l'administration.

» Il est évident qu'un pareil état de choses réclame une

» réforme radicale. Tout le monde le sait, l'administration » mieux que personne, mais il y a des difficultés par suite » de prétentions et de rivalités d'attributions entre les auto- » rités diverses, et on manque d'énergie pour les lever. » Voilà bien des années que l'on discute des plans, mais » rien n'avance, *et la mortalité continue d'une manière dis- » proportionnée dans la première année de l'enfance.* Que » deviennent, en effet, tous ces enfants que l'on envoie » à la campagne, que l'on confie à des nourrices telles » quelles, sans surveillance et sans soins éclairés, et dont » le lait forme souvent la moindre partie de la nourriture?

» On s'imagine sans doute que les bureaux de nourrices » sont soumis, de la part de l'administration, à une sur- » veillance analogue à celle qu'elle apporte pour une » foule d'autres objets qui n'intéressent pas à un si haut » degré l'hygiène et la santé publique; on est loin de » croire que de semblables établissements soient presque » entièrement abandonnés à eux-mêmes, et surtout qu'il » n'y ait *aucun service médical* chargé d'examiner les » femmes de ces espèces de dépôts où l'on va chercher » chaque jour les nourrices dont on a besoin. Tel est pour- » tant l'état des choses.

» Au reste, il y a quelque chose de consolant dans » l'état déplorable que nous signalons ici relativement » aux nourrices : c'est que *le mal est tel;* il est si palpable; » la plupart des bureaux de nourrices font un contraste si » repoussant au centre de notre ville, *qu'il est impossible » que l'on tarde longtemps encore à y apporter remède.* » Il suffit que l'opinion soit éclairée; qu'un pareil état » de choses soit sérieusement signalé à l'attention et » au zèle des magistrats chargés de veiller aux intérêts » de la santé publique, pour qu'une réforme soit prompte- » ment entreprise (1). »

(1) Donné, *Conseils aux mères sur l'allaitement.* Paris, J.-B. Baillière, 1846, p. 12 et 142.

Telles étaient les doléances et les espérances que faisait entendre en 1846 le docteur Donné, aujourd'hui recteur de l'Académie de Montpellier. Tels étaient les abus qu'il signalait dans un langage si vrai, si ferme, si éloquent tout à la fois. Vingt années se sont écoulées depuis; pendant ce temps, 300,000 nourrissons de Paris ont succombé dans les départements, et cependant rien n'est changé. Je me trompe, la situation s'est considérablement aggravée. Écoutons, en effet, M. Husson, juge si compétent sur ce sujet. Voici comment s'exprime, relativement à la direction des nourrices, le savant Directeur de l'assistance publique, dans le rapport qu'il a publié sur les enfants assistés de la Seine, pour l'année 1860 : « Jusqu'à » présent, dit-il, les sous-inspecteurs ont pu, grâce à » l'actif concours des médecins, trouver des nourrices en » nombre suffisant; mais il faut le dire, il arrive fréquem» ment qu'elles ne sont pas dans d'aussi bonnes conditions » qu'il serait à désirer.

» Le renchérissement des objets de consommation, » l'élévation croissante des salaires dans les campagnes, » enfin la concurrence active des bureaux particuliers de » nourrices, joints à la modicité des prix de pension payés » par l'administration, éloignent chaque jour les bonnes » nourrices de notre service, et nous sommes trop souvent » forcés de recruter les nôtres parmi celles qui, par leur » situation voisine de l'indigence, sont obligées de saisir » les moindres occasions d'améliorer la position de leur » famille.

» Encore y a-t-il lieu de craindre que, bientôt, il ne » nous soit plus possible d'assurer le service même dans » des conditions aussi peu satisfaisantes, à moins qu'une » augmentation des prix de pension ne nous ramène les » nourrices, que l'insuffisance du salaire que nous leur » payons engage à chercher ailleurs une rémunération » plus large. »

On ne peut voir sans un profond sentiment de tristesse l'amertume ou plutôt le découragement qui perce dans les paroles de M. Husson, et qui laissent entrevoir, dans un avenir plus ou moins prochain, la suppression de la direction, au grand détriment de l'intérêt public.

Les sages-femmes, et, par leur entremise, les familles appartenant aux classes aisées de la société, continuent, comme par le passé, à s'adresser aux bureaux particuliers. Un grand nombre de médecins de la capitale, ignorant les garanties toutes particulières qu'offre la direction, agissent comme les sages-femmes, et choisissent des nourrices dans ces établissements, qui cependant ne devraient leur inspirer aucune confiance.

La direction générale, pour laquelle le placement d'enfants, appartenant uniquement à des familles peu aisées, devient une véritable charge, restreint et diminue chaque jour son service (1). Au lieu de placer 4,000 nourrissons, comme elle le faisait autrefois, elle n'en place plus que 2,000 à 2,800. Les petits bureaux, au contraire, libres de tout contrôle, se multiplient à l'infini, et voient leur clientèle augmenter de jour en jour. Les femmes de la campagne, pour lesquelles toute idée de surveillance est un motif inné de répulsion, préfèrent les bureaux particuliers, et partout aujourd'hui les nourrissons de ces établissements remplacent ceux de la direction, mais partout aussi la mortalité des nourrissons augmente d'une manière effrayante.

Il est temps, au nom de l'humanité, de faire cesser un pareil état de choses. Serai-je plus heureux que ne l'a été, il y a vingt ans, le docteur Donné? Je n'ose l'espérer.

(1) Au moment où ces lignes s'impriment, j'apprends que la direction générale vient de supprimer le service qu'elle entretenait à Nogent-le-Rotrou. Nous verrons plus tard quelles seront les déplorables conséquences de cette mesure au point de vue de la mortalité des nourrissons.

Toutes les préoccupations aujourd'hui sont pour l'agriculture ou le bien-être des animaux, et ma voix, plaidant la cause des nourrissons de Paris, qui, chaque année, *meurent par milliers de faim et de misère,* court risque de se perdre dans les hautes régions administratives. Mais une pensée me console et soutient mon espoir. Si l'État reste sourd à ma voix, les pères et les mères de famille ne resteront pas insensibles aux faits que je vais leur signaler.

Instruite d'une partie de ces abus, l'autorité a naturellement dû chercher à y remédier, en portant son attention sur l'organisation des bureaux particuliers de nourrices de Paris. Voici le texte de l'ordonnance qui a été publiée à ce sujet en 1842, et qui, aujourd'hui encore, est censée régir ces établissements :

Ordonnance de police du 26 juin 1842, concernant les nourrices, les directeurs de bureaux, etc.

Nous, conseiller d'état, préfet de police,

Considérant que, nonobstant les mesures prescrites par l'ordonnance de police du 9 août 1828, concernant les nourrices et la surveillance exercée par l'administration sur les établissements particuliers où l'on s'occupe de leur placement, des abus d'autant plus graves qu'ils tendent à compromettre l'existence des enfants nous ont été révélés ;

Considérant que ces abus résultent notamment des moyens frauduleux employés soit par les nourrices, soit par les personnes qui s'entremettent pour leur placement, dans le but de dissimuler leur défaut d'aptitude à prendre soin d'un nourrisson ;

Vu les déclarations du roi des 29 janvier 1715 et 1er mars 1727 ; vu les arrêtés du gouvernement des 12 messidor an VIII (1er juillet 1800) et 8 brumaire an IX (25 octobre 1800) ; vu le décret du 30 juin 1806 ; vu les articles 319, 320 et 484 du code pénal,

Ordonnons ce qui suit :

TITRE Ier. — NOURRICES.

ART. 1er. — Toute nourrice qui voudra se procurer un nourrisson, tant à Paris que dans les communes du ressort de la préfecture de police, devra être munie d'un certificat délivré par le maire de la commune, et si elle est domiciliée à Paris, par le commissaire de police de son quartier. Ce certificat, qui devra toujours être revêtu du sceau de la mairie ou du commissariat où il aura été délivré, indiquera les nom, prénoms, âge, signalement, domicile et profession de son mari, s'il y a lieu, et attestera qu'elle a les moyens d'existence suffisants, qu'elle est de bonnes vie et mœurs, qu'elle n'a point de nourrisson, et que l'âge de son dernier enfant lui permet d'en prendre un; il indiquera la date précise de la naissance de cet enfant, et s'il est vivant ou décédé; il devra aussi constater qu'elle est pourvue d'un garde-feu et d'un berceau pour le nourrisson qui lui sera confié.

Art. 2. — La nourrice devra se pourvoir, en outre, d'un certificat dûment légalisé, délivré par un docteur en médecine ou en chirurgie, et attestant qu'elle réunit, *sous le rapport sanitaire*, toutes les conditions désirables pour élever un nourrisson.

Art. 3. — Aucune nourrice ne pourra se charger d'un enfant sans avoir présenté à la préfecture de police les deux certificats mentionnés dans les articles précédents, et sur l'exhibition desquels il sera procédé à son inscription sur un registre spécial ouvert à cet effet. Un bulletin relatant cette inscription sera, s'il y a lieu, remis à la nourrice.

Art. 4. — Une nourrice ne pourra se charger de plus d'un enfant à la fois pour l'allaiter.

Art. 5. — Avant son départ pour le lieu de sa résidence, toute nourrice à laquelle un enfant aura été confié devra se munir de l'acte de naissance de cet enfant, ou, à défaut, d'un bulletin provisoire de la mairie où la déclaration de naissance aura été faite. Quant aux nourrices qui habitent Paris ou la banlieue, elles devront être munies de cette pièce dans les trois jours qui suivront celui où elles se seront chargées de l'enfant.

Art. 6. — Les actes ou bulletins de naissance des enfants seront présentés par les nourrices, dans le délai de huit jours, aux maires ou commissaires de police du lieu de leur domicile, pour être visés par ces fonctionnaires.

Art. 7. — Il est défendu à toutes nourrices de prendre des enfants pour les remettre à d'autres nourrices.

TITRE II. — Directeurs de bureaux de nourrices, logeurs, meneurs et meneuses de nourrices.

Art. 8. — Les personnes qui s'entremettront pour le louage des nourrices, sous quelque dénomination que ce soit, de directeurs de bureaux de nourrices, de logeurs, meneurs ou meneuses de nourrices, devront en faire la déclaration à la préfecture de police. L'administration fera examiner et surveiller les localités destinées aux nourrices, ainsi que les voitures qui devront transporter celles-ci et leurs nourrissons, et prescrira aux directeurs, logeurs, meneurs ou meneuses, les conditions qu'elle croira nécessaire qu'ils remplissent dans l'intérêt de la salubrité, de la sûreté, des mœurs ou de l'ordre public, et qui seront mentionnées dans les permissions.

Art. 9. — Il est défendu à toute autre personne de s'entremettre directement ou indirectement dans le placement des nourrices.

Art. 10. — Il est fait défense expresse à tous meneurs ou meneuses, aubergistes, logeurs et directeurs de bureaux de nourrices, de s'entremettre pour procurer des nourrissons à des nourrices qui n'auraient pas été enregistrées dans les bureaux de la préfecture de police, comme aussi de les reconduire dans leurs communes avec des nourrissons, sans qu'elles soient munies de l'une des pièces indiquées dans l'art. 5 de la présente ordonnance.

Art. 11. — Il est également défendu aux meneurs et meneuses, et à toutes autres personnes s'occupant de placements d'enfants en nourrice, d'emporter ou de faire emporter des enfants nouveau-nés sans que ces enfants soient accompagnés des nourrices qui doivent les allaiter; et si les enfants venaient à mourir en route, il est enjoint aux nourrices, meneurs, meneuses ou autres personnes chargées de conduire ces enfants, d'en faire sur-le-champ la déclaration devant l'officier de l'état civil de la commune où ils décéderaient. Ce fonctionnaire devra leur en donner un certificat, que la nourrice remettra au maire de sa commune, pour être par lui transmis au préfet de police.

Art. 12. — Défense expresse est faite aux directeurs, logeurs, meneurs et meneuses de nourrices ou autres, de procurer plus d'un enfant à la fois à la même nourrice.

Art. 13. — Les directeurs de bureaux de nourrices et logeurs de nourrices, ou toutes autres personnes qui s'entremettent pour le placement des nourrices, seront tenus d'avoir un registre coté et paraphé par le commissaire de police de leur quartier ou par le maire de leur commune, et sur lequel devront être inscrits les nom, prénoms, âge, domicile de la nourrice; les nom et profession de son mari, si elle est mariée; l'âge du dernier enfant dont elle est accouchée, en indiquant s'il est vivant ou mort; le jour de l'arrivée et du départ de la nourrice, ainsi que le nom du meneur. Ce registre devra aussi contenir les nom et âge de l'enfant qui sera confié à la nourrice, ainsi que les noms et la demeure des parents de ces enfants ou des personnes dont elle l'aura reçu.

Art. 14. — Tout directeur de bureau de nourrices ou logeur de nourrices sera tenu de fournir, dans les vingt-quatre heures, au commissaire de police (ou au maire pour la banlieue), un bulletin constatant le départ de chaque nourrice. Ce bulletin, qui sera immédiatement transmis à la préfecture de police, devra contenir les nom, âge et domicile de la nourrice; les nom et prénoms de l'enfant, ainsi que les nom et demeure de ses parents ou des personnes qui les représenteraient. Dans le cas où la nourrice partirait sans enfant ou serait placée nourrice sur lieu, le bulletin dont il s'agit devra l'indiquer.

Art. 15. — Les maires, les commissaires de police, l'inspecteur des maisons de santé, de sevrage et des nourrices, sont chargés, chacun en ce qui les concerne, de veiller à l'exécution de la présente ordonnance.

Art. 16. — Les contraventions à cette ordonnance seront déférées aux tribunaux, pour être poursuivies conformément aux lois et règlements.

Art. 17. — L'ordonnance de police du 9 août 1828 est abrogée.

Malheureusement pour les familles, dans une ordonnance qui intéresse à un si haut degré la morale et la santé publique, et dans laquelle tout paraît avoir été sagement prévu, tout, il faut bien l'avouer, *tout est illusoire.* Par des motifs qu'il ne m'appartient pas d'examiner ici, les articles les plus importants de cette ordonnance ne *sont jamais observés.*

Nous avons vu tout à l'heure qu'une nourrice ne pouvait se présenter à la direction générale si elle n'avait été préalablement visitée par deux médecins de son arrondissement. Avant d'être acceptée, elle est de nouveau visitée à la direction même.

Il est loin d'en être ainsi dans les bureaux particuliers. Toute nourrice est admise dans ces établissements *sans certificat de médecin;* un certificat du maire de sa commune lui suffit. Ainsi se trouve supprimée de fait dans les petits bureaux la garantie la plus essentielle pour les nourrissons, celle qui concerne leur nourriture de chaque jour.

J'ai fait pendant dix-huit ans la contre-visite des nourrices qui, de tous les points de l'arrondissement de Nogent, se rendaient deux fois par mois à la direction générale. Parmi ces femmes, il y avait de bonnes, d'excellentes nourrices; il s'en trouvait nécessairement de mauvaises. A chaque départ, j'en refusais un certain nombre. Toutes les femmes que je refusais ainsi se rendaient immédiatement aux petits bureaux, et ramenaient toujours des nourrissons. On devine quel était le sort réservé aux malheureux enfants confiés à de telles femmes, je ne puis dire à de telles nourrices.

L'article du règlement qui prescrit d'inscrire sur le certificat des nourrices la date exacte de la naissance de leur enfant, « d'après l'acte inscrit au registre de l'état civil de leur commune, » et qui constitue pour les familles la preuve authentique d'un fait important, *n'est pas plus scrupuleusement observé.*

Lorsqu'une femme est accouchée depuis trop longtemps ou depuis trop peu de temps pour qu'on puisse raisonnablement lui confier un nourrisson, elle prie le maire de sa commune ou son secrétaire de *rajeunir ou de vieillir son lait* (ce sont les expressions consacrées), c'est à dire qu'elle fait tout simplement changer la date de la naissance de son enfant. Cet acte de complaisance est rarement refusé, et, chose inouïe au dix-neuvième siècle, *un certificat qui change de plusieurs semaines, quelquefois même de plusieurs années, l'âge d'un enfant, et qui est revêtu du cachet de la mairie, est remis par un maire à une nourrice, pour l'aider à commettre une fraude capable d'entraîner la mort d'un nouveau-né.*

Il est regrettable que de pareils faits, beaucoup plus fréquents qu'on ne le croit, ne soient pas connus du Parquet, qui s'empresserait évidemment de les réprimer. Que de fois j'ai vu partir pour les bureaux particuliers des femmes accouchées depuis huit à dix jours seulement, d'autres dont le lait ou le prétendu lait avait trois ou quatre ans! Mais que de fois aussi j'ai vu des nourrices et des nourrissons mourir victimes d'un tel acte de complaisance!

Le fait suivant, que je rapporte en note, et que le Dr Donné a, dans le temps, emprunté à la *Gazette des Tribunaux,* prouve que ces altérations de certificats ne sont pas rares (1). J'en ai pour mon compte vu de nom-

(1) COUR D'ASSISES DE LA SEINE. — *Bureau des nourrices.* — Le choix

breux et fréquents exemples. Si tous ces faux en écriture authentique étaient poursuivis comme ils mériteraient de

d'une bonne nourrice est chose à la fois bien importante et bien difficile, surtout dans une ville comme Paris, où la classe ouvrière est si nombreuse. Aussi la police a-t-elle prescrit des mesures dont l'exact accomplissement devrait donner aux mères de famille toutes les garanties désirables. Ainsi, on exige que les femmes qui se présentent pour être nourrices soient munies de certificats constatant, entre autres faits, l'âge de leur dernier enfant; ces certificats doivent être délivrés par le maire de leur commune. Souvent, soit négligence, soit omission, cette mention est laissée en blanc par le maire, et remplie avec plus ou moins d'exactitude par les intermédiaires qui placent la nourrice. A l'aide de ce moyen, il doit arriver souvent, comme cela est arrivé dans l'affaire dont nous allons rendre compte, que des femmes se chargent de nourrissons qu'elles sont hors d'état de mener à bonne fin.

C'est une manœuvre de cette nature, réalisée à l'aide d'un faux, que l'accusation reproche : 1° à P..., âgé de trente-neuf ans, commis dans le bureau de placement de la femme C...; 2° à François-Alexandre V..., âgé de vingt-sept ans, meneur de nourrices; 3° Marie-Louise B..., femme L..., âgée de quarante ans, journalière.

La femme L..., qui ne déclare que quarante ans, paraît en avoir bien davantage; elle est petite et maigre.

Voici le texte de l'acte d'accusation :

« Le 5 août 1841, la femme M... accoucha d'une fille parfaitement constituée, pleine de vie. Déjà mère de deux enfants, elle les avait nourris, et elle se proposait d'en faire autant pour son troisième, à défaut d'une nourrice de son pays sur laquelle elle comptait; mais sa résolution fut énergiquement combattue par la femme S..., qui l'avait assistée dans ses couches. Cette sage-femme lui dit qu'elle connaissait un bureau où elle était certaine de n'être pas trompée, où elle trouverait tout ce qu'il y aurait de mieux en nourrices. Enfin elle détermina le mari à la suivre jusqu'à ce bureau. C'était celui de la femme C...

» Là, sur un signe d'intelligence entre la femme S... et V..., meneur de nourrices, la femme L... fut choisie sans examen, de préférence à plusieurs autres. Le sieur M... la trouvait trop âgée; mais la femme S... n'eut pas de peine à vaincre ses scrupules à cet égard.

» A peine l'accouchée eut-elle vu la femme L..., qu'elle éprouva la même impression que son mari. Celle-ci protesta néanmoins que son dernier enfant n'avait que dix mois, et qu'au surplus, en écrivant au maire de D..., on acquerrait la certitude que son assertion était exacte. Toutefois, on reconnut qu'elle n'avait pas de lait. La sage-femme attribua cette circonstance à la fatigue du voyage, au chan-

l'être, les Cours d'assises de certains départements ne suffiraient pas à les punir.

gement d'habitudes, à l'insuffisance de nourriture; prétendit qu'il en était toujours ainsi des nourrices arrivant de la province, et assura que le lait ne tarderait pas à reparaître avec abondance. « Au reste, » ajouta-t-elle avec humeur, si vous voulez la renvoyer, vous êtes » libres. Allez vous faire tromper ailleurs. »

» Déterminés par ces réflexions, les époux M... confient leur fille à la femme L...: elle l'emporta le 6 août. Le 19 du même mois, l'enfant n'existait plus; six jours après, les époux M... en furent informés par une lettre de D.... contenant demande, au nom de la femme L..., de 13 fr. 50 cent. pour frais de médecin et d'inhumation. C'est alors qu'on découvrit les manœuvres auxquelles la femme L... avait eu recours. Ainsi qu'on l'a déjà vu, elle avait affirmé que son premier enfant n'avait que dix mois, et la procédure fait connaître que cet enfant avait six ans; que la femme L... avait élevé postérieurement trois nourrissons; mais ce qui lui était resté de lait ne pouvait évidemment suffire à la fille M... Aussi ne la nourrit-elle qu'au biberon et avec du lait de vache, que l'enfant était hors d'état de supporter. Aucun médecin ne fut appelé ni consulté par cette femme. Elle voulut, selon toute apparence, se soustraire au blâme qu'elle méritait, et éviter des constatations dont le résultat devait être de lui faire encourir une peine au moins correctionnelle. Mais, pour assurer le succès de sa coupable spéculation, la femme L... ne se contenta pas d'employer le mensonge, elle fit commettre, en outre, un faux en écriture authentique et publique, et se servit de la pièce fausse.

Aux termes d'une ordonnance de M. le préfet de police en date du 9 août 1828, aucune nourrice de la campagne ne peut se charger d'un nourrisson sans avoir présenté à la préfecture de police un certificat du maire de sa commune établissant, entre autres choses : 1° qu'elle a des moyens d'existence; 2° qu'elle et son mari sont de bonnes vie et mœurs; qu'elle n'a pas actuellement de nourrisson, et que l'âge de son dernier enfant permet qu'elle en prenne un autre.

» Le 27 juillet 1841, la femme L... se fit délivrer un certificat rédigé dans ce sens par le maire de D... Mais, soit omission, soit complaisance répréhensible de la part du maire, le certificat ne contenait aucune mention sur l'âge du dernier enfant de l'impétrante; l'espace destiné à cette mention était resté en blanc.

» Munie de cette pièce, la femme L... s'adressa à V..., meneur de nourrices, pour être pourvue d'un nourrisson. Celui-ci lui dit d'attendre un mois, en lui faisant observer qu'il était encombré de nourrices sans lait.

» Dans le courant de juillet, V... alla trouver cette femme, et lui demanda si elle était toujours décidée à faire le voyage de Paris, et,

Les nourrices des bureaux particuliers n'offrent en réalité d'autre garantie que leur inscription à la préfec-

sur sa réponse affirmative, examina son état. « Si j'avais su, lui » disait-il en voyant sortir son lait, que vous en aviez en pareille » quantité, il y a longtemps que je vous aurais emmenée. Tenez-vous » prête pour le jour du départ; je vous garantis que vous aurez un » nourrisson d'une manière ou d'une autre. »

» Le 30 juillet, V... arrive chez la veuve C.., avec la femme L... La veuve C... était malade et alitée; un commis tenait ce bureau : c'était P... V... lui présenta la femme L..., lui remit le certificat du 27 juin, et, échangeant un rire significatif avec un domestique, il lui dit : « Vous allez donner quinze mois au dernier enfant de cette femme. »

» P..., sans la moindre hésitation, ajouta les mots *quinze mois* sur le certificat, et écrivit de manière à prévenir tout soupçon sur leur origine. On pouvait bien facilement supposer qu'ils émanaient du maire qui avait délivré le certificat. Effectivement, lorsque V... et la femme L... déposèrent cette pièce à la préfecture de police, on l'admit sans difficulté; nul doute ne s'éleva, dans l'esprit des employés, sur sa parfaite régularité.

» C'est donc à la faveur d'un certificat ainsi falsifié que la femme L... est parvenue à tromper la vigilance de l'administration et à obtenir la remise d'un enfant qu'elle ne pouvait allaiter. »

Interrogé par M. le président, P... avoue le fait matériel; c'est lui qui a rempli les blancs dans le certificat; mais il soutient qu'il n'y avait aucun mal; depuis quatre jours seulement dans l'établissement de la femme C..., il se conformait aux ordres qu'il recevait sans en comprendre la portée.

La femme L... déclare ne pas avoir eu connaissance des additions qui auraient été faites à son certificat.

A l'égard de V..., il soutient que son rôle dans l'affaire s'est borné à amener la femme L... à Paris.

On entend plusieurs témoins, et notamment les époux M..., qui déclarent que la femme L... leur a été présentée, malgré leur répugnance, comme une excellente nourrice. La femme M... ajoute qu'à la première vue, elle n'avait pas cru qu'elle pût avoir de lait, mais que la sage-femme s'était fâchée contre elle, en lui disant qu'elle en avait beaucoup plus ordinairement, et que son état tenait à la fatigue du voyage.

La femme S... dépose qu'elle n'a pas douté que la femme L... ne fût dans toutes les conditions d'une bonne nourrice.

M. le président. Vous avez reçu une remise de 10 fr.?

La femme S... Oui, Monsieur.

M. le président. Cette circonstance explique peut-être pourquoi vous avez mis tant d'insistance à faire accepter la femme L...?

ture de police. L'examen sanitaire est nul chez elles. Si ces femmes sont bonnes nourrices, tant mieux : leurs

La femme S... Oh! non, Monsieur... On la donne à tous les bureaux, cette remise. Je n'aurais pas eu davantage pour la plus belle femme du monde.

M. l'avocat général. Cette remise, on ne la fait à la sage-femme que pour rendre inutile sa surveillance. Voyez, femme S..., la conséquence de votre légèreté; c'est à elle sans doute qu'il faut attribuer la mort de l'enfant des époux M...

La femme S... J'ai cru la nourrice bonne; je ne peux pas croire encore qu'on m'ait trompée; il faut que l'enfant soit mort de maladie.

M. l'avocat général. Vous dites que la remise vous est accordée dans tous les bureaux.

La femme S... Oui, Monsieur; il en est même où l'on offre davantage; ainsi, voici une lettre ou l'on m'offrait une prime de 12 fr.

M. l'avocat général, après avoir regardé la lettre. Prenez garde ; les faits sont du 6 août, et la lettre porte la date du 26; ainsi, vous ne connaissiez pas alors l'offre de 12 fr. Il y a au surplus ceci de remarquable, que le chiffre ne se trouve pas dans la lettre officielle, mais sur une carte à part, qui a été glissée dans la lettre.

La femme C..., tenant un bureau de nourrice, est interrogée sur l'organisation de son bureau.

M. le président. Est-il vrai, comme l'a affirmé P..., que vous ayez deux registres, l'un sur lequel vous inscrivez les femmes qui peuvent être admises, et l'autre sur lequel vous inscrivez les femmes qui ne le peuvent pas?

La femme C... Non, Monsieur; cela est faux.

M. le président. P... a été plus loin, il a ajouté que les femmes qui ne pouvaient se présenter à la préfecture, n'en étaient pas moins placées par vous. C'est là un grave abus.

R. Non, Monsieur.

D. Les certificats qui vous sont présentés sont-ils toujours remplis?

R. Non, Monsieur.

D. Que faites-vous dans le cas où ils ne le sont pas?

R. On écrit au maire, qui envoie un certificat.

D. Quand la nourrice ne peut être acceptée, le meneur qui l'a conduite reçoit-il néanmoins un salaire?

R. Non, Monsieur, et il doit reconduire la femme pour rien. Je la loge aussi *gratis* dans ce cas.

D. On comprend dès lors l'intérêt que ce meneur et vous avez à placer toutes les femmes auxquelles vous avez fait faire le voyage.

Il résulte des autres explications données par la femme C..., que c'est sur la somme payée par les père et mère que la prime donnée à la sage-femme se prélève.

nourrissons vivront; si elles sont mauvaises nourrices, tant pis pour leurs nourrissons : ils mourront. Et voilà les femmes auxquelles les habitants de Paris ne craignent pas, chaque année, de confier douze mille nouveau-nés, qui ne sont la plupart du temps, il faut bien le reconnaître, que de pauvres victimes dévouées à la mort.

Les denrées alimentaires sont partout en France l'objet d'une surveillance sévère. On pèse, on analyse le lait qui se vend chaque matin dans les rues de la capitale, et, par un bizarre et singulier contraste, le lait que des nourrices mercenaires vont, pendant une année entière, donner comme unique aliment à douze mille enfants de cette même capitale, ce lait n'est de la part de l'autorité l'objet d'aucun examen, d'aucune surveillance.

Un propriétaire qui élève un étalon, objet de ses orgueilleuses espérances, choisit avec soin le fermier auquel il le

M. le président. Ce qu'il y a de certain, c'est que plus on creuse cette affaire, plus on voit que les abus sont criants.

La femme C... Il y a tant de bureaux! c'est la *concurrence* qui fait tout cela.

M. le président. Bien odieuse concurrence que celle qui cause la mort de tant d'enfants!

La femme B... a été longtemps employée comme cuisinière chez la femme C... Elle déclare que c'est souvent elle qui recevait les certificats; qu'ils étaient parfois en blanc, et que l'on ordonnait de les remplir.

La femme C... Il lui plaît de dire ça; mais elle ne dit pas la vérité.

La femme B... Je vous demande pardon, je dis la vérité.

La femme C..., avec colère. C'est la vengeance qui la fait parler.

M. l'avocat général. Femme C..., nous vous avertissons de nouveau que nous nous réservons d'examiner de plus près quelle a été votre conduite dans toute cette affaire.

M. l'avocat général Hély d'Oissel soutient l'accusation, qui est combattue par Mes Guyot de Chéron, Vincent et Perrin.

Le jury, après une courte délibération, déclare tous les accusés non coupables. M. le président prononce, en conséquence, l'ordonnance d'acquittement.

Reste contre la femme ..., le nommé V... et la sage-femme S... une prévention d'homicide causé par imprudence, à laquelle ils auront à répondre devant la police correctionnelle.

confie, examine avec attention l'herbage qu'il lui destine. Une jeune mère qui met son enfant en nourrice, est, chose triste à dire, beaucoup moins difficile. Sans crainte, sans inquiétude de ce qui se passera loin d'elle, elle prend au hasard, dans un bureau qu'elle ne connaît pas, une nourrice qu'elle n'a jamais vue, et, à cette femme qui ne lui offre souvent aucune garantie, elle confie un nouveau-né qu'elle aime, et dont elle se sépare peut-être pour toujours. On dirait, en vérité, qu'il est moins important pour nous d'avoir des enfants forts et bien constitués, que de posséder dans nos haras de bons et de rapides chevaux.

Les deux sortes d'établissements qui fournissent des nourrices aux habitants de Paris offrent, on le voit, des garanties respectives bien différentes.

La direction générale (grand bureau), admirablement tenue, comme tout ce qui dépend de l'assistance publique, est l'œuvre de l'administration. Tout y est parfaitement coordonné. Il n'y a là ni abus ni malversation possibles. Mue par un sentiment profond du bien public, la direction remplace les parents vis-à-vis des nourrices, et sert aux uns et aux autres d'intermédiaire officieux. D'une main ferme et intelligente elle dirige les nourrices, assure aux nourrissons des visites médicales régulières, et entoure les uns et les autres d'une sollicitude paternelle.

Les bureaux particuliers de nourrices (petits bureaux), établissements essentiellement industriels, n'ont été créés que dans un but de spéculation commerciale. Pour ces bureaux, le placement des nourrices, le placement des enfants constituent une affaire de lucre, rien de plus. La spéculation est d'autant plus heureuse pour eux, qu'ils ont beaucoup de nourrices, beaucoup d'enfants à placer. Aussi, pour se procurer cette marchandise humaine qui s'appelle nourrices et nourrissons, ces établissements emploient-ils souvent des moyens que la science et la morale réprouvent, je dirai plus, des moyens que l'autorité mieux instruite ne devrait jamais tolérer.

Peu difficiles sur le choix des nourrices qu'ils procurent, les petits bureaux le sont encore moins sur les soins que reçoivent les enfants confiés à ces femmes. Du moment où les nourrices ont acquitté le droit de courtage qu'elles doivent pour leur location, les bureaux particuliers ne s'occupent nullement des enfants qu'elles emmènent. Ils ignorent même quelquefois, et j'en citerai des exemples, *si ces enfants sont vivants ou s'ils sont morts*. Malheureusement pour les nouveau-nés, un fait aussi important est généralement ignoré, et, au milieu de l'activité fiévreuse qui entraîne tous les pères de famille de la capitale dans le tourbillon des affaires ou dans celui des occupations frivoles, ce fait, *qui pèse si lourdement sur la mortalité de leurs propres enfants*, passe inaperçu comme un fait sans valeur et sans gravité aucune.

Examinons maintenant quelles sont les conséquences, pour les familles qui ont besoin d'une nourrice, du choix qu'elles font de la direction générale ou des bureaux particuliers. Pour cela, suivons les nourrissons en province. Nous verrons, d'un côté, les nourrissons de la direction parfaitement soignés, parfaitement surveillés; de l'autre, nous verrons les nourrissons des bureaux particuliers devenir partout les tristes victimes de l'abandon dans lequel les laissent, dans les campagnes, et les bureaux qui les ont placés et l'autorité elle-même. Nous verrons se révéler là des faits incroyables, des abus révoltants, qui, je l'avoue, me paraîtraient aujourd'hui encore impossibles, si je ne les avais plus d'une fois moi-même constatés.

CHAPITRE III

Les nourrissons qui peuplent les communes rurales de certains départements de la France, proviennent ou de la Direction générale (grand bureau), ou des bureaux particuliers de nourrices (petits bureaux). Il existe, en outre, dans les environs de Paris, un assez grand nombre de nourrissons qui sont confiés directement aux nourrices par les parents eux-mêmes, et sans l'intermédiaire d'aucun bureau. Dans le Perche, on appelle ces nourrissons des *nourrissons procurés*. Ce sont, en général, des femmes de chambre originaires de la province, et habitant momentanément la capitale, qui procurent ces nourrissons à leurs anciennes voisines ou à leurs connaissances. De là le nom qu'ils portent. Ces placements sont rarement bons, les nourrices étant loin, la plupart du temps, de posséder les qualités que leur accordent toujours leurs compatriotes. Lorsque ces enfants ne sont pas surveillés par les parents eux-mêmes, ils se trouvent dans les mêmes conditions que les nourrissons des petits bureaux, c'est-à-dire qu'ils sont à la merci des femmes auxquelles on les a confiés.

Nous avons vu, dans le chapitre précédent, comment la direction générale et les bureaux particuliers recrutaient leurs nourrices. Nous avons vu combien étaient différentes les garanties de toutes sortes qu'offraient dans le choix de ces femmes ces établissements respectifs. Voyons maintenant ce que deviennent les enfants confiés à toutes ces nourrices lorsqu'ils sont arrivés chez elles, où ils ne sont plus connus désormais que sous le nom de *petits Parisiens*.

Aussitôt que les nourrissons envoyés par la direction générale sont arrivés à leur destination respective, le médecin chargé du service adresse à l'administration un bulletin constatant l'état de santé de chacun de ces enfants. Il les visite ensuite aussi souvent que cela est nécessaire; mais, au terme du règlement, une fois au moins par mois; il les vaccine régulièrement.

Lorsque, par un motif quelconque, des parents désirent avoir des nouvelles de leur enfant, le médecin, sur la demande que lui en fait l'administration, envoie un bulletin supplémentaire en dehors de celui qu'il est tenu d'envoyer à la fin du mois.

Les nourrices et les nourrissons sont, en outre, visités par le sous-inspecteur, qui parcourt de temps en temps son arrondissement pour constater l'état de santé des nourrissons, et pour s'assurer par lui-même de l'exactitude avec laquelle se fait le service médical.

Lorsque les nourrices partent de Paris, la direction leur remet un livret qui contient les noms de l'enfant, les noms et demeure des parents, et qui indique, en outre, si le nouveau-né a été baptisé. On verra plus loin les conséquences fâcheuses de l'omission de cette formalité *toujours négligée chez les nourrissons des petits bureaux.*

Il est impossible de voir une organisation plus complète, un service médical plus régulier; malgré cela, il est quelquefois difficile d'empêcher certains abus de se produire.

Parmi ces nourrices, il en est qui entourent leurs nourrissons des soins les plus dévoués, et qui les aiment aussi tendrement que leurs propres enfants. Mais il en est d'autres, en grand nombre malheureusement, chez lesquelles la misère, l'ignorance ont détruit tout sentiment autre que celui du gain, et qui ne voient dans le nourrisson qu'elles allaitent qu'*un objet qui doit leur rapporter tant par an.* Pendant qu'elles allaitent ce petit Parisien qu'une jeune mère pleure et entoure vainement de son affection lointaine, elles calculent froidement ce qu'il leur rapporte, et elles se demandent comment elles pourraient s'y prendre pour augmenter leur bénéfice mensuel. Pour ces femmes, l'intérêt est tout : peu de peine, beaucoup d'argent, tel est l'unique article de leur catéchisme moral.

Il résulte de là qu'un grand nombre de ces femmes ne pensent qu'à déjouer la surveillance du médecin et celle du sous-inspecteur, pour se procurer à leur insu un deuxième, quelquefois même un troisième nourrisson. Les chemins de fer, la facilité, la rapidité des communications qui existent partout aujourd'hui, rendent la tâche du médecin souvent fort difficile à cet égard.

J'étais allé un jour à quelques kilomètres de Nogent voir une des meilleures nourrices de mon service, et j'avais constaté sur son livret qu'elle donnait d'excellents soins à son nourrisson. A peine étais-je sorti de chez cette femme, qu'elle prenait le chemin de fer et se rendait à Paris. Le lendemain soir, elle avait un second nourrisson. Immédiatement averti par une voisine, je retirai à cette nourrice l'enfant qui appartenait à la Direction, et pus ainsi mettre ma responsabilité à couvert.

Pour se procurer un second, un troisième, quelquefois même un quatrième nourrisson, ces femmes, que l'on serait tenté de croire si peu intelligentes, ont recours à toutes sortes de ruses, à toutes sortes de supercheries. Tantôt, c'est le nouveau-né d'une voisine malade qu'elles ont pris par charité; tantôt, c'est un nourrisson qu'on leur a procuré, et qu'elles doivent élever au biberon. Dans l'un comme dans l'autre cas, le nourrisson de la Direction ne doit nullement en souffrir. Quelquefois même, à force d'adresse, ces femmes réussissent à extorquer de la mère de leur nourrisson elle-même la permission d'agir de la sorte. D'autres fois, afin de faire téter leur propre enfant, ou afin de conserver leur lait pour un nourrisson qu'on leur a promis, elles font boire et manger le nourrisson de la Direction. Un peu d'attention et une surveillance active suffisent pour déjouer ces petites ruses.

Comme les médecins nommés par l'administration comprennent toujours l'importance du service dont ils sont chargés, les enfants confiés à la direction générale sont aussi bien soignés que s'ils étaient dans leur propre famille. On peut même dire qu'un grand nombre d'entre eux se trouvent dans des conditions hygiéniques bien meilleures que celles qu'ils auraient à Paris.

Il est bien loin d'en être ainsi pour les nourrissons des bureaux particuliers de nourrices (petits bureaux). Du moment où ces enfants sont arrivés dans la commune qu'ils doivent habiter, *personne ne s'occupe d'eux*. Le meneur seul passe chez les nourrices une fois par mois, afin de pouvoir donner aux parents des nouvelles de leurs nouveaux nés. Or, les bonnes nouvelles apportées à Paris étant toujours suivies d'un pourboire, les nourrissons, pour ces hommes grossiers, se portent toujours parfaitement bien.

Si, par suite des mauvais soins qu'ils reçoivent ou de la mauvaise alimentation à laquelle ils sont soumis, ces nourrissons tombent malades, les parents peuvent être assurés d'avance qu'ils n'auront jamais les soins éclairés d'un médecin. D'abord, les nourrices, convaincues qu'elles possèdent à cet égard une grande expérience, commencent toujours par les soigner elles-mêmes pendant plusieurs jours, quelquefois même pendant plusieurs semaines. Puis, un grand nombre de médecins, il faut bien le reconnaître, n'aiment pas à se déranger pour aller visiter les petits Parisiens des bureaux particuliers. Un des motifs de cette abstention est la conviction parfaitement fondée dans laquelle ils sont qu'ils trouveront toujours ces enfants mourants, si même ils ne sont pas appelés uniquement pour constater leur décès.

Le dévouement médical, en outre, a des bornes qu'il est permis au praticien de ne pas franchir, sans pour cela faillir aux devoirs de sa profession. Les nourrices des petits bureaux, comme les meneurs, demeurent, en général, loin du chef-lieu judiciaire de l'arrondissement. Le médecin a donc toujours une longue distance à parcourir pour aller voir ces nourrissons. Or, pour ce déplacement toujours pénible, toujours onéreux, il peut être à peu près certain de ne jamais recevoir d'honoraires. Un grand nombre de parents, croyant qu'en France on s'occupe des hommes autant que des animaux, s'imaginent qu'il y a, dans chaque arrondissement, et même dans chaque canton, un médecin chargé de soigner les nourrissons qui sont envoyés par les bureaux particuliers de nourrices de Paris (1), et presque toujours ils refusent de payer les visites ainsi faites. Si les parents n'ont pas cette croyance erronée, et s'ils remettent les honoraires demandés au meneur ou à la nourrice, l'argent s'égare souvent dans ces mains infidèles, et, dans ce cas encore, le médecin peut être assuré de ne rien recevoir.

J'ai, pendant vingt ans, vu un grand nombre de nourrissons malades appartenant aux petits bureaux. Je faisais même assez volontiers ces visites, car recueillant dès lors les éléments du travail que je publie aujourd'hui, j'étais heureux, indépendamment des enseignements cliniques précieux que j'y puisais, d'observer par moi-même des faits qui m'auraient paru impossibles si on me les eût racontés. J'avoue que je n'ai reçu d'honoraires que dans de bien rares circonstances.

(1) Cette croyance est tellement répandue dans certaines classes de la population parisienne, qu'il m'est arrivé très souvent de recevoir des lettres avec cette simple suscription : *Monsieur le Médecin des nourrices, à Nogent-le-Rotrou*. Les parents qui me les adressaient étaient convaincus que j'étais chargé par l'administration de visiter tous les nourrissons placés dans les environs de Nogent.

Qu'il me soit permis de citer à ce sujet une lettre que m'a, dans le temps, écrite le Dr Gallopin d'Illiers, l'un des praticiens les plus distingués de l'arrondissement de Chartres. Cette lettre prouve, comme je l'avance, que les petits Parisiens malades sont partout privés des secours de la médecine.

« Il y a, me disait le Dr Gallopin, peu de nourrissons » placés dans le canton d'Illiers; mais tous, sans exception » aucune, appartiennent aux *petits bureaux*. Ces » enfants ne *sont nullement surveillés*. Aucun médecin ne » veut atteler son cheval pour aller plus ou moins loin voir » un nourrisson parisien. Chacun de nous se borne à dire : « Apportez le Parisien, et je vous donnerai mon avis. » » Vous devinez le motif de cette abstention. Le petit » Parisien est un heureux mortel s'il n'a pas besoin de » médicaments, car les pharmaciens d'Illiers, très consciencieux du reste, tiennent à ce qu'on leur paie des » médicaments que les droguistes ont l'habitude de ne » pas leur donner. Comme vous voyez, mon cher con» frère, je ne vous dis rien que vous ne sachiez; par » conséquent, je ne vous renseigne pas. »

La mauvaise foi des nourrices des petits bureaux, relativement au paiement de ces visites, surpasse tout ce que l'on peut imginer. Je fus appelé un jour chez un nourrisson qui avait une bronchite intense. Lorsque cet enfant fut mieux, sa mère, qui était venue le voir, obligée de retourner à Paris, me pria de remettre à sa nourrice la note de mes honoraires. A la note que je lui remis, comme cela avait été convenu, cette femme en substitua une dans laquelle *elle doubla* le chiffre que j'avais mis. Par ce moyen, aussi simple qu'ingénieux, cette nourrice espérait toucher, sans que personne le sût, une somme égale à celle que j'avais demandée pour mon propre compte.

Une nourrice des petits bureaux, demeurant à douze kilomètres de Nogent, vint une fois me chercher pour aller voir son petit Parisien, qui était, disait-elle, gravement malade. Je connaissais cette femme pour une mauvaise nourrice ; j'avais même été obligé, quelques années auparavant, de lui retirer un enfant de la direction. D'après ce qu'elle me raconta, je vis facilement que les accidents éprouvés par le nourrisson provenaient d'une mauvaise alimentation. Jugeant donc inutile, dans cette circonstance, d'aller voir l'enfant, je me bornai à conseiller à cette femme de modifier le régime qu'elle lui faisait suivre. Quinze jours après, cette nourrice vint m'annoncer que son nourrisson était parfaitement rétabli. Elle me dit en même temps qu'elle avait écrit aux parents « que j'étais allé voir leur enfant, et que j'avais demandé pour ma visite 20 fr., qu'ils devaient lui envoyer. » Ces 20 fr. devaient l'indemniser de la peine qu'elle s'était donnée. Elle me pria, dans le cas où les parents m'écriraient, de ne pas la démentir. On devine sans peine que j'avertis les parents qu'ils avaient été trompés.

La privation de tous soins médicaux, en cas de maladie, chez les nourrissons des petits bureaux, est certainement, au seul point de vue de l'humanité, une chose déplorable. Mais combien cette absence de soins doit paraître cruelle à une mère qui pleure un nouveau-né qu'elle a perdu, et qui apprend cette horrible vérité, dont elle était, hélas ! loin de se douter ! La certitude qu'un enfant confié aux bureaux particuliers n'est l'objet d'aucune surveillance ; les difficultés que l'on éprouve à se procurer de ses nouvelles, à savoir même s'il est vivant ou s'il est mort, devraient être pour toutes les familles parisiennes un *motif absolu d'éloignement* de ces bureaux de nourrices.

La lettre suivante, qui a été adressée le 7 avril 1862 au maire de Nogent-le-Rotrou, et dont j'ai l'original, prouve, en effet, que les nourrissons des petits bureaux peuvent vivre, être malades, mourir même, sans que ces établissements et les parents eux-mêmes en aient la moindre connaissance.

Paris, 7 avril 1862.

MONSIEUR LE MAIRE,

Je viens réclamer de votre obligeance de faire prendre des renseignements afin de savoir *si mon enfant est mort ou vivant.*

Je l'ai mis en nourrice, par l'entremise d'un bureau de Paris, chez Mme Legros, au hameau de l'Angélerie, commune de Nogent-le-Rotrou, le 17 septembre 1861; il se nomme Charles-Antoine P... Le 18 mars dernier, je me suis présenté au bureau des nourrices, à Paris, pour payer mon mois; on m'a répondu que *mon enfant était mort,* et on a refusé de prendre mon argent.

J'ai écrit à la nourrice pour réclamer l'acte de décès; elle m'a répondu que mon enfant *se portait bien,* et m'a demandé qui avait pu me dire qu'il fût mort.

Le 26 mars, j'écrivis de nouveau à la nourrice, en lui donnant les détails que j'avais eus au bureau, et lui recommandant de m'écrire de suite, lui disant que je lui enverrais l'argent immédiatement. Depuis, je n'ai plus eu de nouvelles, et au bureau ils *ne peuvent rien me dire de plus.*

Je viens donc me recommander à votre bienveillance pour me tirer de cette cruelle incertitude.

Veuillez agréer. P...

A la réception de cette lettre si tristement curieuse, le garde champêtre fut envoyé par le maire au domicile de la femme Legros. Il trouva l'enfant P... vivant et bien portant. On peut, d'après cela, juger des garanties qu'offre la surveillance des nourrissons des petits bureaux exercée par les meneurs. N'est-il pas triste d'ailleurs pour des parents qui ont cru leur enfant mort de n'avoir, pour sécher leurs larmes, que de vagues nouvelles recueillies à la hâte par un garde champêtre? N'y a-t-il pas, en outre, mille raisons qui peuvent empêcher ce garde champêtre d'être parfaitement renseigné? N'y a-t-il pas des erreurs possibles? En voici un triste exemple dont j'ai été témoin.

Une jeune femme de Paris dont l'enfant était malade demande à la mairie de Nogent des renseignements sur ce nourrisson, placé chez une femme F..., habitant le Tertre-Magnier, hameau voisin de la ville. Le garde champêtre envoyé dans ce hameau, trouva la femme F... allaitant un petit Parisien jouissant d'une excellente santé. Cette bonne nouvelle est aussitôt transmise à Paris. Malheureusement pour la pauvre mère, il y avait au Tertre-Magnier deux belles-sœurs portant le même nom, ayant toutes les deux un nourrisson des petits bureaux de même âge. Le garde champêtre, qui ignorait tous ces détails, avait vu la belle-sœur de la femme F... dont il était question dans la lettre, et dont le nourrisson, en effet, était gravement malade. Quelques jours après, la mère arrive heureuse de savoir son enfant rétabli; elle le trouve mourant.

La reproduction de faits semblables, qu'il me serait si facile de multiplier, deviendrait fastidieuse pour le lecteur. Les faits que j'ai cités suffisent pour démontrer que les nourrissons des petits bureaux ne sont l'objet d'aucune surveillance, car il est impossible de décorer de ce nom les visites plus ou moins régulières que le meneur fait à la nourrice pour lui acquitter ses mois de nourriture.

Peut-on être surpris, après cela, des abus qui se commettent journellement dans l'industrie des nourrissons?

La grande quantité de nourrissons placés chaque année, sans surveillance aucune, dans l'arrondissement de Nogent-le-Rotrou; le grand nombre de crimes ou de délits concernant ces enfants *qui demeurent impunis;* la facilité scandaleuse avec laquelle les nourrices des petits bureaux peuvent remplacer immédiatement les enfants qui succombent chez elles, exerçent sur le moral de ces femmes une influence déplorable. Pour la plupart d'entre elles, un petit Parisien n'est qu'un objet de commerce. Si un nourrisson tombe malade et si les parents paient bien, la nourrice ne pense qu'à une chose : à la perte qu'elle va peut-être éprouver. S'il meurt, on la voit se tordre dans les convulsions du plus affreux désespoir, et, au milieu des torrents de larmes qu'elle répand avec une facilité sans pareille, on l'entend qui s'écrie à chaque instant : « Perdre un si bon nourrisson ! Des parents qui payaient si bien ! » Lorsque les parents payent mal, la scène est bien différente. Dans ce cas, la nourrice est promptement consolée, quelquefois même elle est consolée d'avance. J'ai vu des nourrices prévoyantes abandonner un petit Parisien à l'agonie, sans soins, sans secours, sur son lit de souffrances, et aller à Paris chercher un second nourrisson avant que le premier n'eût rendu le dernier soupir, *afin de ne pas perdre leur lait.*

Il y a même de ces femmes qui poussent l'indifférence jusqu'à considérer le petit Parisien comme un être à part, ne devant en rien être assimilé aux autres enfants. Je passais un jour devant la porte d'une femme qui avait un nourrisson des petits bureaux. Cette nourrice me pria d'entrer chez elle pour voir son enfant malade. Au moment où je me retirais, j'entendis de petits cris plaintifs partir du fond de la chambre. A la demande que je lui fis, si elle avait un autre enfant malade, cette femme me répondit très tranquillement : « *Ce n'est rien,* c'est mon petit Parisien qui crie. » Que de fois il m'est arrivé, sur les routes du Perche, d'entendre la cloche d'un village sonner un glas funèbre, et que de fois m'a-t-on dit : « *Ce n'est rien,* c'est un petit Parisien qui est mort ! »

Que l'on ne m'accuse pas, en m'entendant raconter de telles choses, de vouloir présenter comme fréquents et habituels des faits rares, exceptionnels, dont le hasard a pu me rendre témoin dans l'arrondissement que j'habitais. Non, des faits identiques ont lieu dans toutes les contrées où se pratique le commerce des nourrissons. Les médecins de ces localités sont unanimes à cet égard. Parmi les lettres sans nombre que j'ai reçues de praticiens exerçant dans les départements de l'Orne, de la Somme, de l'Yonne, de la Nièvre, et qui toutes témoignent de la vérité de cette assertion, je choisirai celle que m'adressa, en 1860, un de nos distingués confrères du département de l'Orne, le Dr Jousset, médecin de l'Hôtel-Dieu de Bellême. Cette lettre confirme tout ce que j'ai dit.

« Je demeure dans ce pays de Bellême, dit le Dr Jousset, » depuis trente-un ans, et ce qui s'y passe m'est bien » connu. Comme au pays de Nogent, ville et campagne, » les femmes du peuple élèvent beaucoup d'enfants qui » leur sont confiés. Enfants de ville, enfants envoyés par » l'assistance publique de Paris *sont généralement bien* » *soignés*. Les premiers, parce que les mères exercent sur » leurs enfants une surveillance exacte, et que les nour- » rices sont intéressées à faire leur devoir, qui est un peu » mieux rétribué ; les seconds, parce que les médecins » chargés de leur surveillance par l'administration ne » s'endorment pas, et apprécient la nature et l'impor- » tance de leurs devoirs. De ce côté, il n'y a donc rien » à redire. Il n'en est pas de même des autres enfants, » en bien plus grand nombre, du reste. Ceux-ci sont » livrés à nos femmes de campagne par des admi- » nistrations particulières de placement, dites *petits* » *bureaux*, et cela par l'intermédiaire d'industriels du » pays, tristes spéculateurs, désignés sous le nom de » *meneurs*. Il faut à ces industriels, meneurs et teneurs » de bureaux, la quantité de la marchandise, et tous » leurs soins sont là : nourrices et enfants. Quant à » la qualité, c'est autre affaire...... C'est horrible, mais » c'est ainsi...... Toute cette race est maigre, chétive, » fatiguée, peu vivante, bien inférieure pour la vitalité à » nos rustiques enfants. Or, ces enfants débiles, à peine » vivants, auxquels il faudrait une bonne nourriture, un » lait vivifiant pardessus tout, des soins hygiéniques bien » entendus, voici en quelles mains ils tombent. Les fem- » mes qui les réclament sont les plus pauvres du pays,

» les plus mal logées, les plus dénuées de tout. Elles » prennent ces enfants, parce qu'elles n'ont pas pu en » avoir d'autres. Elles aussi tiennent à la quantité plus » qu'à la qualité de la marchandise. Outre leurs enfants, » qui trop souvent sont en bon nombre, elles prennent la » charge de un, deux, trois Parisiens qu'elles se procurent » à un ou plusieurs bureaux, ou dans des familles direc- » tement. Ces enfants, lâchés ainsi dans nos provinces, » en dehors de toute surveillance administrative et médi- » cale, sont les victimes de l'ignorance, de la cupidité, du » défaut de soins; car la nourrice, accablée des travaux » de son ménage, du fardeau de ses autres enfants, ne » peut donner que des soins insuffisants de propreté, de » promenade et autres à ces petits êtres, qui en ont tant » besoin..... Le résultat de cette belle éducation ne se fait » pas attendre. Les enfants, bientôt, contractent des » dévoiements incoercibles, le muguet, s'amaigrissent, » *se squeletisent* et meurent. Et pour peu que la chaleur » de l'été soit vive, que les enfants séjournent dans un » lit non renouvelé, empoisonné d'urine; pour peu que la » constitution épidémique soit entachée de diarrhée, *les » petits Parisiens succombent en masse, dans l'espace de » peu de jours, aussi sûrement, aussi rapidement que s'ils » étaient frappés par le choléra.* Je n'ai jamais fait de » compte et n'ai point été à même d'en faire, étranger » que je suis à tout service de nourrice; mais *il est de » notoriété publique* que la mortalité des Parisiens *est » considérable.* Si, sollicité par le bruit de la cloche, » j'interroge, on me répond : c'est un enterrement de » Parisien. Aux mois de juillet, août et septembre, cette » fréquence devient *une vraie calamité.....* La douleur et » les regrets des nourrices ne sont pas de longue durée. » Le lendemain du décès, elles repartent pour Paris cher- » cher de nouveaux enfants et de nouvelles victimes..... » Comment se fait-il que cette femme si pauvre qui, pour

» des soins accablants, reçoit une rémunération si dispro-
» portionnée à ses services, consente à retourner à cette
» galère des petits bureaux, au lieu de s'adresser à l'as-
» sistance publique de la ville de Paris, où elle serait plus
» sûre d'avoir un meilleur nourrisson et où le salaire
» serait bien assuré! Ah! c'est que la nourrice de la cam-
» pagne veut sa grande liberté, et prétend l'exercer sur
» le nourrisson qui lui est confié sans contrôle; que toute
» surveillance la gêne et l'offusque; qu'elle ne veut être
» propre, bonne laitière, soigneuse qu'à son gré.....
» etc., etc. »

La dernière phrase de la lettre du judicieux et consciencieux praticien de Bellême nous donne le véritable motif de la préférence qu'ont toutes les nourrrices pour les bureaux particuliers. *Toutes ces femmes ont horreur de la surveillance médicale.* Ces femmes se laissent aussi prendre à l'appât du prix de location, qui paraît plus élevé dans les petits bureaux qu'à la Direction générale, et elles ne voient pas que les retenues du bureau, celles du meneur, réduisent d'autant ce prix et diminuent considérablement leurs bénéfices. Elles savent qu'en s'adressant aux petits bureaux, le paiement de leurs salaires sera souvent très compromis. Elles savent que le meneur a toujours de bonnes raisons pour leur persuader que les parents paient mal, ou que même ils ne paient pas du tout. Rien ne les arrête, l'amour de la liberté les fait passer pardessus tout, et ce n'est que tardivement, et après avoir acquis à leurs propres dépens une triste expérience, qu'elles voient, enfin, que la liberté dont elles jouissent est la cause des pertes qu'elles subissent.

J'ai connu un très grand nombre de nourrices qui, pendant de longues années, avaient paru très contentes des petits bureaux, et qui en avaient été régulièrement payées. Presque toujours, j'ai vu ces femmes, après avoir tout d'un coup perdu des sommes relativement assez fortes, revenir au grand bureau. Détrompées, désillusionnées, elles finissaient par comprendre que la surveillance exercée par la Direction était, en définitive, la seule, la véritable garantie de leurs salaires.

Grâce à la liberté illimitée dont jouissent les nourrices des petits bureaux; grâce à l'absence de tout contrôle, de toute surveillance médicale pour leurs nourrissons, il est aisé de comprendre que ces enfants sont presque toujours mal soignés, et qu'ils doivent, par conséquent, mourir en très grand nombre.

Un publiciste distingué qui, sous une forme légère, mais avec une parfaite connaissance de cause, s'est occupé, il y a quelques années, de la question des nourrices, Francisque Sarcey, s'exprimait ainsi en 1862, dans un feuilleton de *l'Opinion nationale* : « Les mères doivent bien » se mettre dans l'esprit qu'elles ne doivent avoir aucune » confiance en ces femmes. Il y a des exceptions, cela est » certain; mais qui peut se flatter de tomber sur une » exception? Quelle mère ne doit trembler quand on lui » assure que sur 25,000 enfants envoyés en nourrice, il en » meurt plus de 20,000. Cette effroyable statistique, que » je tiens d'un médecin, n'est-elle pas bien propre à les » faire réfléchir? N'en ont-elles pas d'avance le frisson? (1). »

Je suis heureux de pouvoir apporter ici au véridique écrivain que je cite, les éléments de l'horrible statistique dont il parle d'une manière si éloquente. Parmi les femmes qui font métier de vendre aux petits Parisiens leur lait réparateur et leurs soins maternels, il y a nécessairement de bonnes et mauvaises nourrices. Malheureusement, les actes de conscience et de dévouement que les bonnes nourrices accomplissent sont ignorés de tous, et demeurent inaperçus dans le fond des campagnes. Ils sont

(1) *Opin. nat.*, 5 avril 1862.

cependant fréquents, et m'ont, plus d'une fois, vivement frappé. Jamais le moindre encouragement, jamais la moindre récompense ne sont accordés à la femme dévouée qui donne à son nourrisson des soins affectueux, quelquefois même exemplaires. Nul, dans la société, ne fait attention à cette femme méritante. Mais si personne ne songe à récompenser les nourrices qui remplissent ainsi leurs devoirs, personne, d'un autre côté, ne songe à demander compte aux mauvaises nourrices de l'incurie souvent coupable avec laquelle elles traitent les enfants qui leur sont confiés.

Privés de toute surveillance médicale, ces enfants n'ont pour unique appui que la protection *toujours illusoire* du maire de la commune dans laquelle le hasard les a placés. Aussi se passe-t-il, dans la trop courte existence de ces malheureux, des faits que je croirais impossible, si je n'en avais plus d'une fois été témoin. *Un grand nombre de ces enfants succombent faute de soins, faute de nourriture; meurent brûlés ou victimes des plus graves accidents.* Le fait suivant, que je choisis entre plusieurs, prouve avec quelle facilité de semblables crimes peuvent demeurer impunis :

Un nourrisson des petits bureaux meurt chez la femme C..., dans une commune retirée de l'arrondissement de Nogent (Coudreceau). La nourrice déclare à la mairie qu'il *a succombé à des convulsions*. On l'enterre sans qu'il y ait eu de vérification de décès (¹). Six semaines

(¹) L'absence de toute vérification officielle des décès dans les communes rurales donne lieu à des abus sans nombre. Le fait que je cite ici, quelques autres que je rapporte plus loin, en fournissent une preuve éclatante. Il est telle commune d'Eure-et-Loir que je pourrais nommer, dans laquelle presque tous les décès des nourrissons, s'ils étaient vérifiés, donneraient lieu à des poursuites judiciaires. Si cette sage mesure était appliquée à toutes les communes rurales de France, on serait surpris du nombre de nourrissons que l'on trouverait tous les ans *brûlés, morts de faim, étouffés, mangés par des animaux ou morts à la suite de chutes*, et l'on verrait à chaque instant des nourrices s'asseoir sur les bancs de la police correctionnelle ou sur ceux de la Cour d'assises. Malheureusement, ces crimes et ces accidents pas-

après, une lettre anonyme partie de Coudreceau apprend à la malheureuse mère, qui habitait Paris, que *son enfant est mort brûlé*. Cette pauvre femme, au désespoir, s'adresse au parquet de Nogent, qui ordonne une enquête. Les renseignements pris par la gendarmerie concordèrent tellement avec la version de la nourrice, que l'instruction allait être arrêtée, lorsque le procureur impérial, qui m'avait souvent entendu parler de la négligence de ces femmes, ordonna l'exhumation du cadavre, et me chargea de procéder à cette opération. Je constatai que les *deux jambes du cadavre étaient carbonisées*. Voici ce qui s'était passé : Cet enfant avait été placé par sa nourrice sur une chaise basse, ses langes ouverts, devant la cheminée. Cette femme étant sortie, les langes de l'enfant s'étaient enflammés et avaient occasionné une brûlure énorme à laquelle le malheureux nourrisson n'avait survécu que quelques instants. La femme C... fut condamnée à plusieurs mois de prison. Sans le zèle et la sagacité du procureur impérial, M. Boulanger, qui occupe aujourd'hui avec distinction le siége de Melun, ce crime serait resté impuni comme tant d'autres.

Voici un autre fait dont j'ai été témoin, et sur lequel je m'abstiendrai de faire aucune réflexion :

La femme X..., jeune et belle nourrice [1] habitant Nogent-le-Rotrou, s'était plusieurs fois présentée à ma visite pour se rendre à la direc-

sent inaperçus, parce que les pièces à conviction (les cadavres des nourrissons) ne sont jamais examinées. Il est inouï qu'un fait aussi grave n'ait point encore attiré l'attention du parquet ou celle de l'administration.

Si les décès des nourrissons ne sont pas vérifiés dans l'arrondissement de Nogent, les décès de la race ovine y sont en revanche constatés avec une scrupuleuse exactitude. L'Annuaire d'Eure-et-Loir de 1859, nous apprend, en effet, qu'en 1857 il est mort, dans l'arrondissement de Nogent-le-Rotrou, 2,118 moutons représentant une valeur vénale de 38,670 fr. « Presque tous ces animaux, ajoute-t-il, » ont succombé à la maladie du sang de rate. » Devant un tel désastre, l'administration n'est point restée insensible. « Une commission » a été nommée, dit l'Annuaire de 1862, dans le but d'aviser à combattre le fléau qui porte annuellement la désolation dans les fermes » de la Beauce. »

Quel dommage que les nourrissons de Paris ne soient pas de petits moutons, et n'aient pas, comme eux, une valeur vénale! Il y a longtemps que l'on se serait ému de leur mortalité et que leurs décès seraient officiellement et régulièrement constatés.

[1] On comprend la réserve qui m'empêche de mettre les véritables initiales.

tion. Comme je savais cette femme adonnée à l'ivrognerie, j'avais constamment refusé de lui donner le certificat qu'elle me demandait. Elle alla aux petits bureaux, et ramena de Paris un charmant enfant. Cette femme me voyant un jour passer devant sa porte voulut me montrer son beau nourrisson, afin de me prouver que l'on n'avait pas été aussi difficile à son égard à Paris que je l'avais été moi-même. La malheureuse était ivre, et elle tenait son nourrisson la tête en bas. On devine quel fut le sort de cette pauvre et innocente créature..... Chargé peu de mois après, par le commissaire de police, de constater le décès de ce nourrisson arrivé à Nogent si frais, si rose, je trouvai dans le taudis habité par la femme X... un petit squelette décharné, aux traits crispés, étendu sans draps sur une paille sale et infecte. Ce malheureux enfant était mort de *faim et de misère*. En l'absence de la nourrice, absence qui avait duré toute la matinée, les voisines s'étaient émues des cris plaintifs qu'elles avaient entendus et qui avaient cessé tout à coup. Il fallut enfoncer la porte pour constater le décès de ce nourrisson.

La femme X... ne fut l'objet d'aucune condamnation.

Ces faits, beaucoup plus fréquents qu'on ne le croit généralement, arrivent rarement à la connaissance du parquet. L'administration, de son côté, s'en préoccupe très peu. Aussi, les voit-on presque toujours demeurer impunis au grand détriment de la morale publique.

Les accidents dont les nourrissons sont victimes, parmi lesquels les brûlures occupent le premier rang, sont loin d'être toujours dus à l'incurie et à la négligence des nourrices, mais ils n'en sont pas moins regrettables.

La femme X... avait un nourrisson auquel elle prodiguait d'excellents soins. Malgré le règlement, malgré les observations que je lui adressais chaque jour à cet égard, cette nourrice avait pris la funeste habitude de coucher son nourrisson dans le même berceau que son enfant. Le froid était alors très rigoureux, et elle prétendait que les deux enfants couchés ainsi se tenaient plus chaudement. Craignant un soir qu'ils n'aient froid, cette femme fait chauffer une brique, l'enveloppe dans une étoffe de laine et la place entre les deux enfants. Elle s'assure qu'ils sont endormis, ferme les rideaux du berceau, puis va au devant de son mari. Lorsqu'elle rentra, une épaisse fumée remplissait la chambre et une affreuse odeur se faisait sentir. Les deux enfants étaient brûlés. Chargé par le procureur impérial de rechercher les causes de la mort de ces deux enfants, je constatai qu'un débris de charbon, enveloppé avec la brique par la malheureuse nourrice, avait occasionné cet horrible accident.

Cruellement punie déjà de son imprudence par la mort de son propre enfant, la femme X... fut condamnée à la prison. On eut égard, il est vrai, dans la peine qu'on lui infligea à la perte cruelle qu'elle avait faite, mais il faut reconnaître cependant que moins coupable que la précédente, elle fut, par le fait, bien plus malheureuse.

Les brûlures chez les nourrissons sont presque toujours dues à l'inobservation du règlement, qui exige que toutes les nourrices aient un garde-feu, et à l'habitude fâcheuse qu'ont ces femmes, quand elles possèdent ce meuble si utile, de ne jamais *le mettre devant le feu.*

Quelquefois, cependant, il arrive que des brûlures ont lieu chez les nourrissons en dehors de toutes prévisions. En voici un malheureux exemple :

Une excellente nourrice habitant la commune de Vichères avait élevé déjà plusieurs nourrissons de la Direction, et avait toujours reçu des éloges pour les soins qu'elle avait prodigués à ces enfants. Cette femme allaitait un nouveau nourrisson qu'elle soignait parfaitement, et qui couchait seul dans un berceau qu'elle mettait chaque soir près de son lit. Croyant, une nuit, entendre crier cet enfant, elle frotte une allumette sur le mur, entr'ouvre les rideaux du berceau et voit avec plaisir qu'il dort paisiblement. Rassurée, elle souffle l'allumette et la jette au loin pardessus le lit de l'enfant. Quelques instants après, des cris perçants la réveillent en sursaut. Les rideaux du berceau étaient en feu. Le nourrisson, qui avait instinctivement élevé ses petits bras, avait *les deux mains brûlées.* Par une fatalité déplorable, l'allumette mal éteinte, était tombée sur les rideaux du berceau et les avait enflammés.

Là où une surveillance active, incessante serait nécessaire pour arrêter tant de maux, il n'y a, de la part de l'autorité, qu'une regrettable insouciance; de la part du public, qu'une fâcheuse et coupable indifférence.

J'ai connu un maire, membre du conseil d'arrondissement, qui parlait sans cesse de progrès et de philanthropie. Je l'engageai un jour, au nom de ce progrès et de cette philanthropie dont il s'occupait tant, à s'opposer dans sa commune à l'industrie ou plutôt à l'exploitation immorale des nourrissons, dont *les cadavres*, selon sa propre expression, *pavaient son cimetière*. Je sais bien, me répondit-il, que ces enfants sont voués à la mort; mais que voulez-vous? *c'est le bien-être de ma commune*. Ces femmes n'ont pas d'autres moyens d'existence, et sans les nourrissons, elles tomberaient *à la charge du bureau de bienfaisance*. Après tout, ajouta-t-il, *il y aura toujours des Parisiens*. Triste et ridicule philanthropie, digne à peine des tréteaux de la foire!

Un fonctionnaire qui, par sa position élevée dans l'arrondissemeut de Nogent, aurait pu faire cesser une partie des abus que je signale, accueillit un jour mes doléances à cet égard par ces paroles : « Bah! docteur, il y aura toujours assez d'enfants! » Est-il surprenant après cela qu'un état de choses aussi triste, aussi grave, ne parvienne pas à la connaissance de l'autorité supérieure?

A l'époque où je commençai mes recherches sur la mortalité des nourrissons dans l'arrondissement de Nogent-le-Rotrou, je désirai connaître les communes du département d'Eure-et-Loir dans lesquelles il y avait des nourrissons; je désirai savoir en même temps quelle était la mortalité parmi ces enfants. Je m'adressai pour cela à la préfecture. Je priai mon regrettable confrère, le docteur Durand, de Chartres, mon collègue comme médecin des épidémies, de vouloir bien demander dans les bureaux de la préfecture les renseignements dont j'avais besoin. Voici quelques passages de la réponse qu'il m'adressa :

« Très honoré confrère,

» ..... On ne connaît à la préfecture *rien de bien certain* sur les nour- » rissons de Paris, ce qui prouve déjà, comme vous le dites, *qu'il n'y*

» *a pas de surveillance*...... Quant à la question de savoir s'ils sont » placés là par le grand bureau ou les petits bureaux, *on l'ignore* » *entièrement*. On ignore également *s'ils sont nombreux* et *si la mortalité* » *est grande parmi eux*.

» Vous voyez que tout ce que j'ai pu recueillir vous sera d'un » faible secours. »

Ainsi, dans le département d'Eure-et-Loir, où, d'après le témoignage de tous les médecins qui y exercent, la mortalité des nourrissons de Paris est *horrible, effrayante*, la préfecture ignore si ces nourrissons sont nombreux; elle ignore si la mortalité est grande parmi ces nouveau-nés! Non seulement, l'administration ne se préoccupe pas de cette mortalité au point de vue de l'humanité, mais elle ne s'en préoccupe même pas au point de vue de la statistique. L'Annuaire d'Eure-et-Loir, publié sous ses auspices, a, en effet, pendant longtemps, présenté pour un grand nombre de communes du département le rare et curieux spectacle d'une population *augmentant tous les ans, quoique le chiffre des décès, dans ces communes, fût supérieur, tous les ans, au chiffre des naissances.* Cette singulière anomalie, qui s'est fait longtemps remarquer dans les tableaux du recensement quinquennal de la population du département d'Eure-et-Loir, n'a été expliquée qu'en 1856, époque à laquelle je crus devoir adresser à la préfecture une note sur la mortalité des nourrissons de Paris dans l''arrondissement de Nogent (1). Combien de préfectures en France doivent agir comme la préfecture d'Eure-et-Loir!

On m'a souvent demandé, et je me suis souvent de-

(1) Voici comment s'exprime l'Annuaire du département d'Eure-et-Loir de 1862. Ce passage prouve la vérité du fait que j'avance : « Nous » avons expliqué les causes de cette anomalie dans l'Annuaire de » 1856, d'après les documents que nous a fournis M. le docteur Bro- » chard, de Nogent-le-Rotrou, qui se propose de publier un Mémoire » à ce sujet. » (*Annuaire statistique, commercial et historique du département d'Eure-et-Loir*. Chartres, 1862, p. 416.)

mandé moi-même comment des faits tels que ceux que j'ai rapportés, qui partout sont la règle et non l'exception, ne parvenaient pas plus souvent à la connaissance du parquet. Une des principales raisons de cette impunité, dans le Perche du moins que j'ai toujours habité, se trouve dans la disposition topographique même du pays. Il n'y a, dans toute la contrée, qu'un petit nombre de maisons agglomérées. Les habitations, disséminées dans les campagnes, sont isolées et séparées les unes des autres par des champs en culture. Cette distribution des maisons, excellente pour la santé des enfants, est très propre malheureusement à entourer du mystère le plus profond des faits qui seraient divulgués à l'instant même au milieu d'un bourg ou d'un village.

Un autre motif de cette impunité, et je suis surpris que cette circonstance n'ait pas, depuis longtemps, attiré l'attention des magistrats des départements de l'Orne, de la Sarthe, d'Eure-et-Loir, etc., se trouve dans le soin tout particulier que prennent les meneurs de toujours établir leur domicile *loin du chef-lieu judiciaire* de leur arrondissement, loin en même temps des localités dans lesquelles il existe un service de la Direction. Ces hommes fuient tout à la fois et les investigations de la justice, et les révélations des nourrices d'un service rival.

Le meneur est, en général, un homme grossier, sans éducation, qui recrute ostensiblement des nourrices pour les bureaux particuliers de Paris, et qui, lorsque l'occasion se présente, recrute en même temps des filles ou des femmes pour d'autres établissements de la capitale. Ce double commerce lui procure d'importants bénéfices, qu'il a le tort de vouloir souvent augmenter aux dépens de la science et de la morale; aussi, lui arrive-t-il parfois de figurer sur les bancs de la police correctionnelle. Comme une remise lui est allouée par le bureau sur chacune des nourrices qu'il conduit à Paris, la quantité est tout pour lui, la qualité rien. Cet homme industrieux a encore un bénéfice sur le voyage, sur le premier mois de ces femmes, etc..... On devine les conséquences de ces combinaisons immorales. Les mauvaises nourrices, qui perdent le plus de nourrissons et qui retournent le plus souvent à Paris, sont précisément celles qui lui rapportent davantage, celles par conséquent qu'il doit préférer.

Je n'ai jamais rencontré sur les routes du Perche, sans éprouver une vive émotion, ces longues voitures de meneurs, dans lesquelles sont entassés pêle-mêle, comme des animaux revenant du marché, nourrices et nourrissons revenant de Paris. Ces pauvres enfants, tout mouillés encore des larmes de leurs mères, sont, aux yeux de tous, tellement voués à une mort prochaine, que le véhicule grossier qui les renferme s'appelle, dans les campagnes, *le Purgatoire*. Cela veut dire qu'en sortant de cette voiture pour entrer chez leurs nourrices, ils vont dans le ciel; en d'autres termes, *qu'ils meurent*. Y a-t-il jamais eu pour le cœur d'un père ou pour celui d'une mère d'expression plus tristement cynique?

Quand on permet à des hommes de cette espèce de faire publiquement, sans contrôle aucun, sans surveillance, le commerce des nourrices; quand on permet aux nourrices ainsi recrutées de n'avoir d'autre guide, d'autre inspecteur, d'autre payeur que le meneur, doit-on être surpris qu'elles aient si peu de soins de leurs nourrissons? doit-on être surpris de l'excessive mortalité qui règne parmi ces enfants?

Si l'exploitation des parents et des nourrices par les meneurs est chose reçue, consacrée, pour ainsi dire, par l'usage, l'exploitation des parents par les nourrices est tout aussi fréquente et tout aussi dangereuse. Un des grands avantages de la Direction est de ne jamais permettre cet abus, l'administration servant toujours d'intermédiaire entre les parents et les nourrices.

Je ne saurais mieux faire, pour initier le lecteur aux ruses de toutes sortes qu'emploient les nourrices pour tromper les parents, que de raconter succinctement la vie du petit Parisien, telle qu'elle se déroule, en général, depuis l'instant où le nouveau-né de Paris arrive chez sa nourrice, jusqu'au moment peu éloigné ordinairement où la mort vient terminer tout à la fois son martyre et ses souffrances. S'il y a là des choses plaisantes, il y en a de bien tristes.

Ces femmes grossières, qui ne savent ni lire ni écrire, présentent dans leur correspondance avec les parents de leurs nourrissons, correspondance dont l'instituteur est habituellement le secrétaire officieux, une astuce qui m'a toujours singulièrement frappé. Je dois ajouter, pour être juste, que la crédulité des parents, la facilité avec laquelle certaines mères acceptent les lettres de leur nourrice, ne sont pas moins surprenantes. Ici, la ruse l'emporte sur l'instruction; presque toujours ce sont les parents qui sont dupes.

J'ai eu entre les mains des milliers de lettres écrites par des nourrices aux mères de leurs nourrissons. Elles se ressemblent toutes. On les croirait stéréotypées d'après un modèle commun. En voici une que je copie; c'est celle qui annonce l'arrivée heureuse d'un *petit Parisien* chez sa nourrice :

MADAME,

Votre cher trésor n'a pas été fatigué par le voyage. Il est déjà bien habitué et vient comme un champignon..... Suivent quelques détails sur certains objets de la layette qui manquent toujours..... La nourrice ayant eu l'heureuse chance d'assister au baptême du nouveau-né ajoute un mot obligeant pour le parrain. Ce souvenir a, dans l'esprit de cette femme comme dans la réponse qui arrive peu de jours après, un tarif à peu près uniforme; il vaut, en général, de 3 à 5 fr..... J'espère, Madame, que vous nous ferez l'amitié de venir nous voir. Combien vous serez heureuse de trouver votre enfant profité. Mes respects à Monsieur.

Votre nourrice.

Cette missive comble de bonheur la jeune mère. Le parrain s'exécute, et, au retour du meneur, la nourrice reçoit avec un complément de layette une lettre remplie des plus vives, des plus tendres recommandations.....

Au lieu de nourrir cet enfant exclusivement de son lait, comme cela avait été convenu avec les parents, la nourrice le fait boire et manger, afin de se ménager la possibilité de prendre sous peu un nourrisson qui va naître et qu'on lui a promis avant son départ pour Paris. Au lieu de le promener, au lieu de lui faire prendre l'air, la nourrice le laisse dans son berceau, et vaque librement à ses occupations. Ainsi couché des journées entières, ne profitant nullement de son séjour à la campagne, confié la plupart du temps à une vieille femme ou à une enfant de sept à huit ans, qui souvent le laisse tomber, le nourrisson est bien loin de se fortifier. Son corps, ses jambes s'amaigrissent, son ventre grandit, sa peau devient flasque.....

Au bout d'un certain temps, nouvelle lettre de la nourrice à la mère. Cette lettre est ainsi conçue :

MADAME,

Je vous écris pour vous donner des nouvelles du cher petit, et en même temps pour avoir des nouvelles de votre santé. Le cher petit vient bien. Il commençait à se nouer, mais je lui ai fait faire un voyage qui m'a coûté 3 fr.; maintenant, il se fortifie beaucoup. C'est étonnant comme il ressemble à Monsieur. Je vous prie de m'envoyer des souliers, car il marchera bientôt; il va aussi être temps de le mettre en robe. Le germe des dents le rend si difficile, que je suis obligée de lui mettre du sucre dans tout ce qu'il prend. Je vous prie, Madame, de m'envoyer du sucre et du savon. Mes respects à Monsieur.

Votre nourrice.

La mère enchantée de savoir que son enfant va bientôt marcher, qu'il va avoir des dents, envoie tout ce qu'on lui demande. Le nouveau-né, bien entendu, ne tient pas sur ses jambes et n'a aucune apparence de dents; mais l'enfant de la nourrice a une robe et des souliers..... Le désir de marcher, le besoin d'être mis en robe, le germe des dents, sont trois choses qui commencent toujours de bonne heure chez certains enfants. Cette précocité des nourrissons dépend uniquement de l'esprit plus ou moins industrieux des nourrices auxquelles ils sont confiés. Il est cependant un passage de cette lettre qui a un peu intrigué la mère : c'est celui où la nourrice parle du voyage qu'elle a fait faire à son nourrisson, et qui a coûté 3 fr. La mère demande quelques explications à ce sujet, mais la nourrice se garde bien de jamais répondre.

J'ai reçu un si grand nombre de lettres de parents qui me demandaient quelques détails à cet égard, que, pour l'édification des familles qui *seraient encore tentées de confier des enfants aux petits bureaux*, je vais dire en quoi consiste ce prétendu voyage. Les parents sauront, au moins, à quoi s'en tenir.

Comme toutes les femmes de la campagne, les nourrices du Perche sont peu instruites et légèrement superstitieuses; ce qui ne les empêche nullement, quand elles sont surveillées, d'être de bonnes et même d'excellentes nourrices. Je dois avouer cependant qu'elles sont loin de ressembler au portrait flatteur que fait des nourrices de province le docteur Caron : « Le progrès, dit cet hono-
» rable confrère, a depuis quelques années marqué partout
» son passage; la civilisation a pénétré presque partout,
» et avec la connaissance de la lecture et de l'écriture
» aujourd'hui se propageant dans presque toutes les loca-
» lités, les mœurs des nourrices s'amendent de jour en
» jour, les intelligences se développent, les sentiments
» remplacent les instincts, la voix de la raison chez ces
» femmes peut être entendue et comprise (1). »

J'ignore dans quelle contrée privilégiée mon savant confrère a fait ses observations, et je ne puis que le

(1) Caron, *Projet de révision de l'ordonnance du 20 juin 1842*. Paris, 1862, p. 5.

féliciter de rencontrer pour les nouveau-nés qu'il place à la campagne des nourrices aussi intelligentes que celles dont il trace le portrait. Quant à moi, qui me borne au rôle de simple narrateur, j'avoue que, dans le département de l'Orne, de la Sarthe, d'Eure-et-Loir, les nourrices ne savent ni lire ni écrire, et sont telles que je viens de le dire, telles, en un mot, que je les ai vues et observées pendant dix-huit ans. Peut-être, un jour, le progrès et la civilisation dont parle le docteur Caron viendront-ils les transformer à leur tour!

Lorsque ces femmes peu intelligentes ne sont pas surveillées, il arrive souvent qu'elles soumettent leurs nourrissons à un régime qui n'est pas toujours parfaitement convenable. Par suite alors d'une mauvaise alimentation, d'un séjour trop prolongé dans son berceau, d'un défaut habituel de propreté, l'enfant maigrit et dépérit. Sous ses chairs molles et flasques, ses côtes se dessinent, et forment aux articulations sternales des espèces de nodosités d'autant plus sensibles, que le ventre devient énorme. Les extrémités osseuses grossissent..... Pour le praticien habitué aux maladies de l'enfance, ces symptômes constituent un commencement de rachitisme dû uniquement à une mauvaise hygiène. Pour la nourrice, *l'enfant se noue.* Elle se garde bien, dans ce cas, d'appeler le médecin; elle fait faire *un voyage pour dénouer l'enfant,* c'est à dire qu'elle charge une vieille femme de la contrée, dont c'est le métier, d'aller réciter une prière dans une église ou dans une chapelle des environs, qui renferme un saint spécial pour la circonstance. C'est ce voyage qu'elle cote 3 fr. lorsqu'elle annonce aux parents que leur enfant *est dénoué.* Chaque maladie, chaque contrée a son saint privilégié : Saint Lin pour la nouëure, saint Giles pour les convulsions, saint Martin pour les fièvres intermittentes, etc.....

Il existe, dans le Perche, un saint qui jouit auprès des

nourrices d'une grande réputation, par la protection toute spéciale qu'il accorde aux nourrissons, et il faut avouer qu'ils en ont grand besoin : c'est saint Criard. J'ignore quelle est la légende de ce saint, j'ignore même s'il en existe une véritablement orthodoxe. Tout ce que je puis dire, c'est qu'à un jour donné de l'automne, quel que soit l'état de l'atmosphère, quel que soit l'état de santé des enfants, toutes les nourrices apportent leurs nourrissons devant l'image vénérée du saint, située dans un hameau très retiré de l'arrondissement. Ce mouvement inouï de nourrissons à une époque de l'année toujours froide dans le Perche, et dans une commune dont l'altitude est relativement très grande, occasionne tous les ans, chez ces enfants, un grand nombre de bronchites. Malgré ce résultat fâcheux, qui se renouvelle chaque année, il est impossible au médecin d'empêcher une nourrice de porter son nourrisson malade ou bien portant à saint Criard. Si le docteur Caron était ce jour-là dans le Perche, il pourrait voir de ses propres yeux « combien les intelli-
» gences des nourrices se développent en province, et
» comment la voix de la raison est entendue et comprise
» chez ces femmes. »

La première dent, le jour de l'An, la fête de la mère, fournissent à la nourrice autant d'occasions, qu'elle ne néglige jamais, de satisfaire sa verve épistolaire.

Tous les parents cependant ne se laissent pas prendre à ces fleurs de rhétorique plus ou moins intéressées. Il en est de moins confiants qui désirent avec raison s'assurer par eux-mêmes de l'état dans lequel se trouve leur enfant, et qui vont à l'improviste surprendre leur nourrice. D'amères, de cruelles déceptions les attendent souvent. Que de fois j'ai vu entrer dans mon cabinet des mères désolées que le chemin de fer venait d'amener à Nogent. Les lettres qu'elles recevaient de leur nourrice les avaient toujours rassurées sur la santé de leur enfant. Profitant d'un jour de fête, d'un instant de liberté, elles étaient venues embrasser le nouveau-né dont elles avaient eu tant de peine à se séparer. Au lieu de l'enfant frais et rose dont on leur faisait dans chaque lettre une si pompeuse description, elles avaient trouvé un petit être chétif, à chairs flasques, à ventre énorme, tenant à peine sur ses jambes rabougries. L'absence de soins, une mauvaise alimentation, étaient la cause de tout le mal. Il suffisait de changer cet enfant de nourrice, et au bout de quelques semaines, la mère heureuse apprenait qu'il se portait très bien.

Mais quand les parents, emportés par leurs affaires, ne surveillent pas eux-mêmes leur enfant, ils sont quelquefois cruellement punis de leur trop grande confiance. Une lettre leur arrive un matin et les arrache à leur douce et tranquille indifférence. Ce nouveau-né qu'ils aimaient tant, et qui, d'après la nourrice, jouissait d'une si bonne santé, a cessé de vivre. C'est à peine s'ils en croient leurs yeux, et cependant le doute n'est pas possible. L'acte de décès, l'état des frais funéraires de leur enfant, tout est dans leurs mains; ils arrosent tout de leurs larmes. Pour expliquer une mort si rapide et à laquelle ils étaient si loin de s'attendre, la nourrice invoque naturellement le mal de lin, le mal de saint Gilles, la dentition, etc., et à cette énumération de toutes les maladies de l'enfance, elle ajoute de ridicules, d'emphatiques compliments de condoléances.

Dans un moment aussi pénible pour son cœur, une mère n'a pas toujours la triste consolation de pouvoir lire cet état de frais funéraires qui lui fait, hélas! verser bien des larmes, mais qui lui prouve du moins que les prières de l'église ont accompagné jusqu'à sa dernière demeure l'enfant qui lui a été ravi. Quelquefois, en partant de Paris, la nourrice a, dans sa précipitation, oublié le certificat de baptême de son nourrisson. La mère alors apprend avec douleur que les prières de l'église ont été refusées à son enfant, et que le nouveau-né qu'elle aimait si tendrement n'a point été inhumé en terre sainte. Ce n'était pas assez pour cette innocente créature d'avoir, pendant sa vie, subi toutes les misères possibles; il fallait encore que son cadavre devînt, après sa mort, l'objet d'un dernier et irréparable outrage. Ainsi se termine, dans un triste et complet isolement, la vie de ce petit être que personne ne protège sur la terre, que tout le monde dans les campagnes considère comme un paria, et qui a nom : un petit Parisien.

Afin d'empêcher un fait aussi grave au point de vue de la morale et de la religion de se produire, la Direction générale a le soin de toujours inscrire sur les livrets qu'elle remet aux nourrices le nom de l'église dans laquelle l'enfant a été baptisé. Il est fâcheux que les livrets des nourrissons des petits bureaux ne portent pas la même mention.

Si cette omission regrettable expose les enfants à ne point être inhumés en terre sainte, alors qu'ils y ont droit, elle les expose aussi à être baptisés deux fois. Dans ce cas, c'est de la part de la nourrice une affreuse rouerie, que l'on pourrait appeler l'exploitation du baptême.

Un nourrisson tombe gravement malade; il va mourir. Rien ne prouve qu'il a été baptisé; la nourrice seule le sait. Cette femme, pour laquelle l'argent est tout, court chez une personne pieuse et charitable de la commune, fond en larmes, et déplore en sanglotant le sort de ce malheureux nourrisson qui meurt sans baptême..... On s'associe à sa douleur, à ses craintes, on baptise l'enfant..... Le parrain et la marraine improvisés, le curé même, louent cette femme de ses bons sentiments, et lui donnent la pièce sans se douter qu'ils n'ont fait que se prêter à une infâme comédie, jouée au nom et au mépris de la religion.

Si les nourrices méritent souvent des reproches, on doit,

pour être juste, reconnaître que les parents en ont quelquefois de bien graves à s'adresser. Ainsi, il arrive très fréquemment, même à la Direction générale, que des mères ont une confiance beaucoup plus grande dans la nourrice de leur enfant que dans le médecin chargé du service.

Je demandai un jour le changement d'un nourrisson du grand bureau. Cet enfant, salement tenu, mangeait plus qu'il ne tétait, prenait rarement l'air et commençait à maigrir. Les observations que j'avais plusieurs fois adressées à la nourrice étant restées sans résultat, j'insistai, dans mon bulletin de fin de mois, sur la nécessité qu'il y avait à mettre cet enfant, qui habitait Nogent, à la campagne. Quelques jours après, la mère, à laquelle la nourrice s'était hâtée d'écrire, me fit savoir *qu'elle s'opposait à tout changement*. Le mois suivant, je réitérai ma demande et la formulai même d'une manière plus pressante. Même refus de la part de la mère. Quinze jours après, voulant mettre ma responsabilité tout à fait à couvert, j'adressai à la Direction un bulletin supplémentaire, dans lequel je prévenais les parents que leur enfant succomberait bientôt, son état s'aggravant de jour en jour. Je reçus l'ordre de le changer. Il n'était plus temps : l'enfant mourut peu de jours après. La mère vint à Nogent, put voir par elle-même ce qui s'était passé, et se fit les plus cruels reproches de s'être laissée ainsi tromper par sa nourrice.

J'avais demandé une autre fois le changement d'un enfant placé dans la commune de Vichères. La mère arriva de suite. Je lui dis ce que je pensais de sa nourrice, de son enfant, et n'eus pas de peine à la convaincre qu'un changement immédiat était nécessaire. Le lendemain, je me rendis à Vichères, comme cela avait été convenu, pour confier ce nouveau-né à une autre nourrice, mais les idées de la mère s'étaient bien modifiées. La nourrice lui avait démontré que son enfant n'était pas malade, que tout ce qu'il éprouvait était dû à l'âge, à la dentition, etc..... et n'avait aucune gravité. Elle lui avait surtout parfaitement démontré qu'il était inutile, dangereux même de le changer de nourrice. Ici encore, j'eus le dessous. Des gauffres, que la nourrice s'était empressée de faire, du cidre doux, le plaisir de respirer l'air des champs, avaient opéré ce miracle. Au bout de quelques jours, cette dame partit, ravie de l'accueil qu'elle avait reçu chez sa nourrice, convaincue surtout que son enfant se trouvait dans de bonnes conditions de santé. Peu de mois après, cet enfant retourna à Paris dans un état pitoyable. La mère reconnut alors son erreur, mais elle ne put adresser de reproches à personne. Il me serait facile de citer une infinité de faits semblables.

Un grand nombre de filles-mères mettent leurs enfants en nourrice pour s'éviter la peine de les placer elles-mêmes aux Enfants-Trouvés. Elles laissent ce soin à l'Administration. A peine la nourrice est-elle partie avec le nouveau-né, que la mère change de domicile. Elle quitte quelquefois Paris, et s'y prend si bien, qu'il est impossible la plupart du temps de retrouver ses traces. L'administration alors est obligée de se charger de l'enfant. Ces cas sont excessivement communs, et c'est ainsi qu'un grand nombre de nourrices, trop bonnes ou trop confiantes, perdent souvent des sommes assez fortes.

Il y a même des cas dans lesquels ces filles ont une conduite si singulière, on pourrait dire si coupable, qu'il est évident que pour elles, mettre un nouveau-né en nourrice est un moyen adroit de se débarrasser de cet enfant. *Ce moyen est d'autant plus commode, qu'il ne les expose jamais à la moindre poursuite.*

Une femme X..., de Nogent, appartenant à la lie du peuple, avait un nourrisson des petits bureaux, mal soigné, dans un état déplorable. Le commissaire de police crut devoir prévenir la mère, *qui était une fille.* Le père arrive un matin chez moi, *paraissant* très irrité contre cette nourrice. Il m'annonce qu'il va me faire constater l'état de son enfant, et qu'il veut faire punir sévèrement cette femme. J'attendis inutilement cet individu. Dans la journée, je le rencontrai se promenant avec le mari de la nourrice; ils étaient ivres tous les deux. Quelques jours après, le nourrisson *était mort*.

La fille X..., de Nogent, très connue par sa mauvaise conduite et par son excessive misère, s'était, je ne sais comment, procuré deux nourrissons jumeaux. Atteinte d'une maladie de la peau, n'ayant pas de lait, même pour son enfant, habitant un horrible taudis, cette fille était, sous tous les rapports, une nourrice détestable. Je crus devoir avertir le commissaire de police, qui prévint la mère de l'état pitoyable dans lequel se trouvaient ses deux enfants. La mère, qui était *une fille,* vint à Nogent, trouva ses deux jumeaux bien soignés, et ne blâma nullement la nourrice. Elle dit seulement à une voisine « *que l'on s'était mêlé là d'une chose qui ne regardait personne.* » Huit jours après, les trois enfants étaient morts de faim et de misère.

Il est regrettable que des faits aussi graves demeurent impunis.

J'ai pendant dix-huit ans observé un fait qui m'a toujours singulièrement frappé, et que, dans l'intérêt de la morale, je crois utile de publier. Dans certaines communes pauvres, toujours éloignées du chef-lieu judiciaire de l'arrondissement, on voit des femmes ou des filles qui ont dans toute la contrée la *réputation bien méritée d'être de très mauvaises nourrices*. Chez elles, les nourrissons ne font que paraître et disparaître. Eh bien! ces femmes ont toujours des nourrissons, ces nourrissons sont presque toujours des enfants de filles, et ces nourrices sont toujours parfaitement et régulièrement payées. Un tel fait se reproduisant d'une manière identique sur divers points d'un arrondissement, ne saurait être l'effet du hasard; il est certainement le résultat d'un calcul. Il est évident pour le médecin que ces femmes, chez lesquelles les nourrissons meurent si facilement, sont connues, recherchées de certaines maisons de la capitale, que leurs services même y sont très appréciés.

La mise en nourrice d'un nouveau-né peut donc, dans certains cas, constituer un infanticide ou un homicide, qui n'est pas, il est vrai, puni par le Code pénal, mais qui n'en est pas moins réel. Ce crime d'une nouvelle espèce mérite par sa fréquence de fixer l'attention du ministère public.

Je suis loin d'être le seul à penser ainsi. Le Dr Gallopin, que j'ai déjà eu occasion de citer, est tout aussi explicite que moi à cet égard. Il m'écrivait, en effet, il y a quelques années :

« Je ne connais qu'excessivement peu de bonnes nour-
» rices; j'en connais beaucoup de très mauvaises. Il en
» est qui font de cela métier depuis dix, douze, quinze
» ans, qui *ont toujours* des nourrissons, et qui, je crois,
» *n'en ont jamais rendu* aux parents, ce qui m'a fait dire
» bien souvent que je trouvais très bêtes les filles de Paris
» qui donnent tête baissée dans le Code pénal en tuant
» leurs enfants, quand elles pourraient éviter le piége que
» leur tend la loi en les mettant en nourrice à Montigny (1)
» ou dans certaines maisons de la commune d'Illiers. »

Voici un fait qui s'est passé à Montigny même, et qui prouve avec quelle facilité les crimes concernant les enfants peuvent demeurer impunis dans les communes rurales éloignées du chef-lieu judiciaire de l'arrondissement. Il ne s'agit pas ici de nourrissons, mais d'enfants,

(1) Commune très pauvre, située à l'extrémité de l'arrondissement de Nogent-le-Rotrou, et limitrophe de l'arrondissement de Chartres et du canton d'Illiers. Cette commune est peuplée de nourrissons des petits bureaux.

sur lesquels une belle-mère exerçait les plus cruels sévices.

Un enfant de huit ans environ meurt à Montigny. Un cri général s'élève à l'instant même dans la commune, et attribue cette mort aux coups que l'enfant a reçus, à la faim qu'il a endurée pendant plusieurs mois, aux mauvais traitements, en un mot, que lui a infligés sa belle-mère. Tout le monde sut cela dans la commune, *excepté l'autorité!* Six mois plus tard, un autre enfant de onze ans meurt dans la même maison et est enterré, comme le précédent, sans qu'il y ait de *vérification de décès,* sans qu'il y ait la moindre plainte portée. Mais cette fois, la mère, encouragée probablement par l'impunité de son premier crime, avait été moins adroite. Des voisines, montées dans un grenier, avaient vu l'enfant attaché sur un grabat, avaient entendu plusieurs fois cette femme lui refuser du pain, etc... Au bout de quelques jours, de sourdes rumeurs circulèrent dans la commune, puis dans l'arrondissement. Inquiet, à juste titre, des bruits qui couraient, le juge d'instruction de Nogent ordonna l'exhumation des deux cadavres. Je procédai à cette opération. L'examen auquel je me livrai et les débats de la Cour d'assises fournirent contre la belle-mère des charges tellement accablantes, qu'elle fut condamnée à l'unanimité aux travaux forcés à perpétuité. Sans le second crime de cette femme, le premier serait passé inaperçu.

Les faits coupables que je viens de signaler se commettent avec d'autant plus de facilité, que le mystère le plus profond entoure dans les campagnes l'existence des petits Parisiens. Or, du mystère au crime, il n'y a souvent qu'un pas, et ce pas, dans les basses classes surtout, est facile à franchir.

Je me rappelle avoir donné des soins à un nourrisson placé dans la commune de Vichères. Deux habitants de Paris, qui croyaient probablement pouvoir revendiquer les honneurs de la paternité de cet enfant, venaient de temps en temps le voir. La nourrice eut toujours l'adresse d'empêcher ces deux visiteurs de se rencontrer chez elle. Tous deux étaient très satisfaits des soins qu'elle donnait à l'enfant; tous deux la payaient largement quand ils venaient. La mère m'écrivit plusieurs fois des lettres sans signature, dans lesquelles elle me recommandait son enfant. J'ignore, au retour du nourrisson à Paris, comment se sera arrangé cet intérieur à trois personnes.

Je fus appelé un jour dans un hameau retiré de l'arrondissement, pour voir un nourrisson gravement malade. L'élégance du berceau, la beauté du linge que portait l'enfant me frappèrent. La nourrice m'apprit alors que cet enfant lui était vivement recommandé. On lui avait dit, en le lui confiant, qu'elle le garderait plusieurs années, et qu'elle serait parfaitement récompensée. De temps à autre elle recevait, couverte d'un timbre étranger, une lettre parfaitement écrite, pleine des sentiments les plus affectueux pour ce nouveau-né. Ces lettres finissaient toujours par ces mots : « Quand me sera-t-il donné de te voir, mon cher enfant? » Ce mystère couvrait évidemment une faute. Dans une autre classe de la société et chez une autre nourrice, il eût pu faciliter un crime.

L'habitude qu'ont certaines femmes de prendre plusieurs nourrissons à Paris, pour les distribuer ensuite au rabais à des voisines, est cause de la mort d'un grand nombre de ces enfants. Cette fraude se commet très facilement, et j'en ai vu de fréquents exemples dans l'arrondissement de Nogent-le-Rotrou. Elle se pratique plus communément et sur une bien plus grande échelle dans les départements où la Direction générale n'a pas de service. Voici un fait qu'a rapporté la *Gazette des Tribunaux*, et qui s'est passé dans le département de la Nièvre. Je l'emprunte au Dr Alexandre Mayer.

Il s'agit d'une femme Laumain, de la Nièvre, qui, après

avoir été nourrice elle-même, s'est constituée meneuse.

Voici comment elle procédait :

Elle prenait à Paris, dit le journal que nous citons, des enfants qu'elle se chargeait, moyennant une petite rétribution, de placer chez les nourrices de son pays, et les conditions, au premier abord, paraissaient avantageuses, car elle ne prenait que 15 fr. pour un voyage qui lui coûtait 41 fr. aller et retour; mais comme elle emportait quelquefois trois ou quatre enfants, elle touchait, par le fait, 45 ou 60 fr., et bénéficiait déjà sur ce premier article.

Puis elle convenait avec les parents de 18 ou 20 fr. par mois, et ne donnait aux nourrices de seconde main que 15 ou 16 fr.; second bénéfice.

Pour arriver à ses fins, il lui fallait chercher des nourrices au rabais; aussi, qu'advenait-il souvent? C'est que les enfants dépérissaient, et qu'il fallait tenter une seconde, une troisième, quelquefois même une quatrième nourrice.

Elle faisait plus : au lieu de placer les nourrissons dès son arrivée dans son pays, elle tardait pendant cinq, six, huit jours, et nourrissait au biberon des enfants qui ne s'accommodaient pas toujours de ce régime, et ne se relevaient que si leur bonne étoile leur faisait rencontrer un lait généreux. Et, pendant ce temps, les parents payaient comme si tout eût marché selon leurs désirs. Mais ils étaient complètement trompés; la femme Laumain ne leur faisait jamais connaître la nourrice, et entretenait leurs illusions en leur écrivant de temps à autre, sous des noms supposés, que leur enfant allait très bien.

Il a fallu à une mère l'intervention du maire et du juge de paix pour arriver à savoir ce que le sien était devenu.

Les plaintes sont venues à la fin, et la femme Laumain a été citée devant la 6e chambre pour abus de confiance. Si les sommes détournées sont peu importantes, les moyens employés, et qui ne le sont probablement pas par la prévenue seule, ont un caractère singulièrement odieux.

Le Tribunal, sur les conclusions conformes de M. le Procureur impérial de Thévenard, a condamné la femme Laumain à deux mois de prison et 25 fr. d'amende (1).

Une mère qui confie un nouveau-né qu'elle aime à une semblable femme, ne doit-elle pas continuellement craindre encore qu'il ne soit confondu avec un autre?

Tous les nourrissons que l'on envoie en province ne meurent pas, ne sont pas victimes d'accidents. Il en est qui résistent et qui reviennent à Paris; mais parmi ceux-là mêmes combien sont loin d'être en parfaite santé! Combien de nourrissons succombent dans leurs familles peu de temps après leur retour de la campagne, et combien d'enfants demeurent toujours valétudinaires, par suite des mauvais soins qu'ils ont reçus pendant qu'ils étaient en nourrice! Une mère qui confie son enfant à une nourrice étrangère, ne doit jamais oublier que c'est dans les premiers mois de la vie que s'établissent pour tous les hommes les fondements d'une bonne ou d'une mauvaise santé.

Le martyrologe de ces infortunées créatures que les chemins de fer emportent chaque jour de la capitale, est loin d'être terminé; mais la répétition de faits semblables, identiques même, fatiguerait le lecteur sans apporter à sa conviction aucun élément nouveau. Je m'arrête.....

Détournons nos regards de ce triste spectacle, et reportons-les sur le tableau touchant que nous offrent les bonnes nourrices, ces femmes dévouées qui comprennent leurs devoirs, et qui, Dieu merci, sont plus nombreuses encore que quelques personnes ne veulent bien le supposer. Si j'ai présenté, dans toute leur nudité, dans toute leur vérité, des faits sur lesquels il importe, je crois, d'appeler l'attention publique, j'ai hâte de dire que j'ai

(1) *De la création d'une Société protectrice de l'enfance*. Paris, 1865, page 5.

plus d'une fois rencontré dans le Perche des nourrices dont il m'a souvent été donné d'apprécier le bon cœur et le dévouement maternel; dignes, sous tous les rapports, de la confiance des mères de famille. Ma plume trahirait ma pensée, si je n'établissais ici ce fait de la manière la plus affirmative.

En présence d'un tel aveu, qui n'est de ma part qu'un hommage à la vérité, on se demandera nécessairement comment la mortalité peut être aussi grande parmi les nourrissons. La réponse est facile : les faits regrettables que j'ai rapportés ne reconnaissent qu'une seule et unique cause, *l'abandon physique et moral dans lequel on laisse les nourrices et les nourrissons dans les communes rurales.*

Dix-huit années de ma carrière médicale se sont passées parmi les nourrices et les nourrissons. Pendant ces dix-huit années, je n'ai cessé d'entendre chaque jour les plaintes, les doléances ou les témoignages de satisfaction soit des nourrices, soit des parents. Eh bien! j'affirme, et cette pensée me console un peu des tristes choses que j'ai racontées, j'affirme que le nombre des bonnes nourrices surpasse de beaucoup le nombre des mauvaises nourrices. Le nombre de ces dernières diminuerait même beaucoup, si toutes ces femmes étaient soutenues, encouragées dans la tâche ingrate, difficile qu'elles accomplissent; mais personne, malheureusement, ne s'occupe d'elles. Que de fois j'ai vu des nourrices donner à des nourrissons les vêtements de leurs propres enfants! Que de fois j'en ai vu nourrir des mois entiers des enfants dont elles n'étaient pas payées, ne voulant pas les sevrer prématurément, ne voulant pas, d'un autre côté, les reconduire à Paris de peur qu'ils n'y fussent pas aussi heureux qu'ils l'étaient chez elles! J'ai vu de ces femmes ne pas craindre d'augmenter leurs propres charges, et adopter le nourrisson qu'elles avaient élevé plutôt que de le laisser mettre aux enfants trouvés. Le petit Parisien continuait à faire partie de la famille, et occupait à l'humble foyer le même rang que les autres enfants de la nourrice.

Il est regrettable, comme je l'ai déjà dit, que dans un siècle où l'on s'occupe de tant de choses frivoles, de tant de choses inutiles même, on ne pense ni à récompenser les bonnes nourrices, ni à punir les mauvaises. De cette indifférence de la société à l'égard des nourrissons découle évidemment l'indifférence de ces femmes à l'égard de leurs nourrissons. Quelques encouragements, quelques récompenses accordées aux nourrices qui font leur devoir, à celles surtout qui font plus que leur devoir, feraient disparaître tout à la fois et cette indifférence, et les maux qui en sont la conséquence. L'industrie des nourrissons, qui n'est aujourd'hui en France qu'une honteuse et horrible spéculation, deviendrait alors, comme l'œuvre de saint Vincent de Paul elle-même, une œuvre de dévouement et de charité qui sauverait chaque année la vie à des milliers de nouveau-nés.

L'amélioration de la race chevaline, celle des races ovine, bovine, porcine même, sont en ce moment en France l'objet de la préoccupation générale. Les comices agricoles, les concours régionaux se multiplient de toutes parts, et nous voyons tous les ans l'administration décerner des médailles d'or, d'argent et de bronze aux propriétaires qui ont présenté les plus beaux animaux, aux domestiques de ferme qui ont le mieux soigné ces belles et intéressantes bêtes. Je me demande pourquoi les animaux passent ainsi partout avant les hommes. Un taureau Durham, qui présente de belles et lourdes formes, obtient, dans ces concours, une médaille d'or et 600 fr. Un vieux et fidèle serviteur qui a usé sa vie au service d'une famille est moins heureux; il reçoit une médaille de bronze et 40 fr. Une femme qui a élevé un beau nourrisson, et qui lui a prodigué avec son lait mercenaire, aux dépens de sa santé, ses veilles et ses soins maternels, ne reçoit rien, pas même de remercîments. On prime, on récompense un fermier qui a élevé de beaux animaux; on accorde une médaille à un domestique qui a bien soigné les chevaux de son maître. Pourquoi donc ne récompenserait-on pas une nourrice qui a conservé un nouveau-né à la société, et qui, grâce aux bons soins qu'elle a donnés à ce nourrisson, en a fait un enfant fort et bien constitué, apte plus tard à servir utilement son pays? Cette idée est depuis longtemps mise en pratique en Angleterre et en Amérique, et je ne sache pas que ces nations intelligentes s'en trouvent plus mal, Ces récompenses, d'ailleurs, auraient le grand avantage de faire voir dans les campagnes que, du moment où la société récompense les bonnes nourrices, elle saura punir celles qui ne remplissent pas leurs devoirs.

[1] La femme M..., de la commune de Vichères, avait élevé plusieurs nourrissons de la Direction générale, et les avait toujours rendus en parfait état de santé. Il fut impossible, un jour, à l'administration de retrouver la mère d'un enfant que cette nourrice reconduisait à Paris, Cette femme apprit en sanglotant que son cher nourrisson allait être mis aux Enfants-Trouvés. Ne pouvant se décider à se séparer pour toujours d'un petit être qu'elle aimait tendrement, elle demanda à le garder, et le ramena chez elle. Le petit Parisien fut élevé par la femme M... avec autant de soins, avec plus de soins peut-être, que ses propres enfants. Elle l'envoya à l'école, lui fit faire sa première communion, et lui prodigua toujours les preuves de la plus touchante affection. L'administration, croyant devoir récompenser un tel acte de dévouement et de désintéressement, accorda une gratification à cette bonne et excellente nourrice. Jamais femme ne fut plus fière, plus heureuse d'une récompense; jamais nourrice ne fut plus dévouée à la Direction. Plusieurs fois; j'eus occasion de confier à la femme M... des enfants malades, J'eus toujours à me louer des soins qu'elle leur donna, du zèle avec lequel elle me seconda. Il faut avoir eu pendant de longues années un service considérable de nourrices et de nourrissons, pour comprendre combien de semblables femmes, dignes ainsi d'une confiance illimitée, peuvent, dans certains cas, être utiles au médecin.

Une surveillance médicale sévère, incessante; quelques

encouragements, quelques récompenses, arracheraient les nourrices à l'isolement regrettable dans lequel elles vivent, stimuleraient leur zèle, et préviendraient, j'en suis convaincu, la plupart des faits malheureux que l'on observe journellement. Telle est ma conviction pour l'arrondissement de Nogent-le-Rotrou, dont j'ai pu, pendant de longues années, étudier toutes les ressources sous ce rapport. Avec ces simples mesures, il serait, je le répète, excessivement facile de créer dans le Perche un service d'excellentes nourrices, dans lequel, contrairement à ce qui a lieu aujourd'hui, la mortalité des nourrissons serait très peu considérable.

On trouvera la preuve de cette assertion dans l'étude que nous allons faire de la mortalité des nourrissons dans l'arrondissement de Nogent-le-Rotrou. En étudiant cette mortalité d'une manière comparative chez les nourrissons de la Direction générale et chez les nourrissons des bureaux particuliers, nous verrons que *la mortalité, chez ces enfants, est toujours en raison inverse de la surveillance à laquelle ils sont soumis.* Plus la surveillance est sévère, moins la mortalité est grande parmi eux. Moins, au contraire, la surveillance est grande, plus la mortalité est considérable parmi ces nouveau-nés. Nous examinerons en même temps quelle est la mortalité parmi les enfants assistés de Paris et parmi les enfants trouvés du département d'Eure-et-Loir. Cette étude, bien simple, sera pour nous tout à la fois pleine d'intérêt et de précieux enseignements.

CHAPITRE IV

Situé dans une des parties les plus pittoresques de l'ancien Perche, l'arrondissement de Nogent-le-Rotrou est, sous le rapport de la population comme sous celui de l'industrie, le moins important des quatre arrondissements du département d'Eure-et-Loir. Sa population est de 44,814 habitants; sa superficie est de 82,751 hectares, dont 57,648 en terres labourables, 7,625 en prairies et 12,112 en bois.

Cet arrondissement se compose de quatre cantons, dont on trouvera la population et la superficie respectives dans le tableau suivant :

TABLEAU STATISTIQUE *de l'arrondissement de Nogent-le-Rotrou.*

ARRONDISSEMENT de Nogent-le-Rotrou.	Population.	Superficie en hectares.	Terres labourables.	Prairies.	Bois.	Latitude du chef-lieu.	Longitude du chef-lieu.	Élévation du sol du chef-lieu au-des. de la mer
	44,814	82,751	57,648	7,625	12,112			
Cantons.								
Nogent-le-Rotrou	12,393	14,119	10,214	1,545	1,245	48°,19'29"	1°,31'29"	105m
Authon..........	12,030	24,066	17,321	2,387	2,992			
La Loupe........	10,513	23,487	15,388	1,979	4,939			
Thiron..........	9,878	21,770	14,724	1,714	3,006			

Le territoire de Nogent-le-Rotrou, limité d'un côté par les riches plaines de la Beauce, de l'autre par les vallées commerçantes de la Normandie, est moins fertile que celui des autres arrondissements du département. Il est bien boisé et très accidenté. Des terres labourables, des champs plantés de pommiers et de poiriers, occupent le versant des collines et les parties plates du terrain. Le fond des vallées, arrosé de nombreux ruisseaux, forme d'excellentes prairies, dans lesquelles on élève une grande quantité de bétail. Le sommet des collines, dont le sol n'offre quelquefois qu'un sable argileux, est couvert de bruyères, de bois ou de sapinières.

Le climat de cet arrondissement, un peu humide, est tempéré, excepté dans les endroits élevés, où le froid est quelquefois très vif. La disposition du sol, toujours montueux et inégal, fait que l'atmosphère est peu sujette à se charger de miasmes délétères.

Les habitations, à la campagne, offrent, dans leur disposition, une particularité qui mérite de fixer l'attention du médecin. Les habitants aisés sont disséminés dans des fermes isolées les unes des autres, séparées entre elles par des champs, des prés, quelquefois même par de petits ruisseaux. Des haies vives, dont la forte végétation donne des coupes réglées, entourent les différentes pièces de terre de chaque exploitation rurale. Les journaliers et les habitants pauvres occupent également des maisons entièrement isolées, ou des maisons réunies au nombre de deux ou trois que l'on appelle des cours, mais qui sont toujours séparées entre elles par des pièces de terres labourables. En dehors donc des chefs-lieux de canton, les agglomérations de maisons sont rares; il y a quelques hameaux et peu de villages.

Il résulte de cette disposition topographique et de cette distribution des habitations dans les campagnes, que les épidémies sont très rares dans l'arrondissement, et que l'on y observe peu de maladies endémiques.

Les habitants du Perche sont doux, apathiques même; ils quittent rarement leur pays. Les mœurs, dans les campagnes, sont très relâchées et loin, par conséquent, de se ressentir de cette simplicité patriarchale dont René Courtin faisait un si grand éloge en 1606.

La culture et la vente des céréales, la mouture des grains, le commerce des bestiaux, l'élève des chevaux, sont les principales occupations des habitants aisés de la campagne. Les femmes ne s'occupent que des travaux du ménage, qui sont excessifs dans les fermes et qui usent promptement leur constitution. Les soins de la culture, les différents travaux des champs forment la seule ressource des journaliers et des malheureux. Les femmes de ces derniers n'ont qu'une seule occupation, une seule industrie : elles sont nourrices. Cette spéculation d'aller chercher à Paris des nourrissons qu'elles allaitent, améliore considérablement leur position. On comprendra combien cet usage est lié aux habitudes du pays, lorsqu'on saura qu'il y a quelques années, la Direction municipale des nourrices de Paris versait annuellement dans l'arrondissement de Nogent-le-Rotrou, en salaires de nourrices et autres dépenses, près de 50,000 fr. Comme un très grand nombre de femmes de la campagne vont, afin d'échapper à toute surveillance, chercher des enfants dans les bureaux particuliers de nourrices de la capitale, on peut se faire une idée de la quantité des nourrissons qui sont journellement placés dans l'arrondissement et de l'argent que ce commerce répand dans la contrée [1].

La disposition topographique de l'arrondissement de Nogent-le-Rotrou, les excellentes conditions hygiéniques dans lesquelles il se trouve, conviennent aux nouveau-nés et favorisent singulièrement l'industrie et l'élève des nourrissons. La mortalité considérable qui existe parmi ces enfants, et qui se trouve en désaccord complet avec les lois ordinaires de la mortalité du premier âge en France, ne peut donc, dans cet arrondissement, être attribuée à

[1] Pendant les deux années 1858 et 1859, il a été envoyé dans l'arrondissement de Nogent-le-Rotrou 2,429 nourrissons.

aucune cause locale. Il faut en chercher ailleurs la véritable raison.

Tous les médecins qui s'occupent des maladies de l'enfance connaissent les belles recherches du Dr Bertillon sur les lois de la mortalité du premier âge. « C'est à » l'aube même de la vie, dit ce penseur éminent, que » l'homme est le plus près de la tombe. Un nouveau-né a » moins de chances de vivre une semaine encore qu'un » vieillard de quatre-vingt-dix ans, moins de chances pour » une année qu'un octogénaire! Mais tandis que la fatalité, qui enserre la sénélité, est inéluctable, la mortalité » qui pèse sur le nouveau-né est susceptible des plus larges modifications, et, selon les conditions générales de » l'hygiène, elle peut être diminuée d'un tiers, de moitié, » ou, pour des conditions inverses, être doublée, triplée.

» Que les mères de famille le sachent donc bien, ces » fragiles existences qui leur sont si chères sont entre » leurs mains. Cette loi que la statistique vient de promulguer sur l'hygiène de la première enfance, et dont » l'observation tient de si près à la vie des nouveau-nés, » est telle, que nous voudrions la voir *affichée sur tous les* » *murs de Paris, et notamment dans les bureaux de nourrices de la capitale.* »

Ces lignes, tout en démontrant de quelle importance sont pour les nouveau-nés les soins maternels, font voir combien il est dangereux de les remplacer par ceux d'une nourrice mercenaire. Je suis heureux d'apporter à l'appui de cette opinion, si juste et si vraie, un témoignage irrécusable, celui des chiffres. Pour cela, je n'ai qu'à étudier avec mon savant confrère, et le flambeau de la statistique à la main, l'influence qu'exerce sur la mortalité des nouveau-nés de Paris leur envoi en nourrice dans les départements. Aux observations qu'a faites le Dr Bertillon, j'ajouterai celles qui me sont propres, et qui deviennent en quelque sorte le complément des siennes.

« Une des recherches statistiques qui intéressent au plus
» haut degré l'histoire naturelle de l'homme et l'hygiène
» publique, dit le Dr Bertillon, consiste à savoir quelle est
» la mortalité propre à chaque âge, combien d'enfants,
» par exemple, succombent dans les premiers mois, com-
» bien dans la première année de la vie, combien dans la
» seconde ; de même, combien de décès frappent mille
» jeunes gens de dix-neuf ans, de vingt ans, et ainsi de
» suite. Ce sont ces rapports qui expriment la mortalité
» propre à chaque âge (1). »

En prenant les relevés faits par Heuschling (2), d'après

(1) *Opinion nationale*, 2 décembre 1859.

(2) Nous avons, pour formuler la mortalité de notre temps, un travail complet, qui a la même valeur qu'une publication officielle : c'est le relevé des décès par âge, fait pour toute la France, sur la période décennale 1840-1849, par Heuschling, secrétaire de la commission centrale et chef de division au ministère de l'intérieur à Bruxelles. Heuschling a obtenu du ministère français l'envoi de toutes les feuilles préfectorales. Il a donc fait son travail sur les relevés officiels de l'état civil, et il l'a fait avec l'exactitude consciencieuse que l'on devait attendre d'un fonctionnaire public et d'un savant renommé.

Voici le jugement que M. Guilard a porté sur ce précieux document dans l'Annuaire de l'économie politique, de Guillaumin, de 1854 :

« Il était dans nos destinées, grâce à l'obstiné silence de la statis-
» tique officielle, de recevoir de Belgique notre deuxième table mor-
» tuaire générale. Heuschling, laborieux secrétaire de l'illustre
» commission belge, a relevé pour 1840-1849 toutes les feuilles mor-
» tuaires fournies pendant ces dix années par nos quatre-vingt-six
» départements. La statistique est-elle si peu cultivée en France, que
» les étrangers doivent faire notre besogne et nous rendre instruits
» de nos propres faits ? Mais cette étrangeté n'est peut-être pas la
» faute de nos statisticiens. La *nouvelle table* n'a pu être dressée que
» sur le vu des documents qui chaque année confluent de toutes nos
» communes au grand centre administratif. Les cartons ministériels
» se seraient-ils ouverts aussi largement devant un simple statis-
» ticien français que devant le secrétaire de la commission belge ? On
» ne sait.

» Quoi qu'il en soit, si nous nous sommes laissé enlever le mérite
» de ce travail par un voisin plus actif, rougissons d'être paresseux ;
» mais ne rougissons pas d'être reconnaissants, et payons un juste

nos registres de l'État civil pour la période décennale comprise entre 1840 et 1849, on voit que pendant ces dix années il y a eu en France environ 9,700,000 naissances et 1,500,000 décès, dans la première année d'âge.

La proportion est dans ce cas de 840 survivants sur 1,000 naissances, au bout d'un an, c'est à dire que sur 1,000 nouveau-nés il en meurt 160 la première année, soit à peu près 1 sixième ou 16 centièmes.

En France donc, actuellement, le sixième des enfants qui naissent, ou 16 centièmes meurent dans le courant de la première année.

Autrefois, la mortalité des nouveau-nés était un peu plus considérable. Les Tables de Duvillard enseignent, en effet, que sur un million de naissances annuelles il y a 767,525 survivants à l'expiration de la première année. Cela donne sur 1,000 naissances 767 survivants et 233 décès, mortalité qui est presque d'un quart. Cette mortalité a donc diminué de 1 douzième ou de 8 centièmes.

La mortalité des enfants trouvés est beaucoup plus considérable. D'après Benoiston de Châteauneuf, cette mortalité était, en 1787, 1788 et 1789, de 90 à 91 0/0. En 1815, 1816, 1817, elle était de 75 0/0; en 1824, de 60 0/0 (1).

Aujourd'hui, la mortalité des enfants trouvés (enfants assistés, enfants abandonnés) est de 0,55 dans la première année, et de 0,63 jusqu'à l'âge de deux ans. Nous n'avons pas à nous occuper ici de cette mortalité, qui est encore excessive, et qui varie beaucoup dans les différents départements.

» tribut d'actions de grâces au calculateur patient, dévoué, infatigable, qui a bien voulu relever, par âges et par sexes, dix années de nos immenses fastes mortuaires. Si ces relevés ont été faits (et nous n'en doutons pas) avec la conscience et l'exactitude d'un vrai savant, tel qu'est Heuschling, c'est un cadeau précieux qu'il fait à la science et à l'administration. » (Bertillon, *Conclusions statistiques*, p. 60. Victor Masson. Paris, 1857.)

(1) Villermé, *Annales d'hygiène*, t. XIX, p. 58.

« Si, de la France considérée en totalité, ajoute le » Dr Bertillon, nous descendons dans le détail des départements, nous trouvons, comme cela doit être, que » le plus grand nombre se rapproche beaucoup, pour » la mortalité des nouveau-nés, de la valeur moyenne » générale. Mais il en est d'autres qui constamment » s'éloignent beaucoup, soit en plus, soit en moins, de » cette valeur. Ainsi, pour ne citer que des départements » extrêmes, l'Eure, l'Eure-et-Loir (1), la Seine-Inférieure, » ne parviennent, *d'après la statistique,* à conserver que » 760 à 770 enfants sur 1,000 jusqu'à la fin de la première » année, tandis que les Hautes-Pyrénées, les Basses-» Pyrénées, la Manche en conservent jusqu'à 900.

» Ces observations très curieuses sont au-dessus de » toute contestation, puisqu'elles sont relevées, non sur » une année isolée prise au hasard ou arbitrairement » choisie, mais sur un ensemble de dix années consécu-» tives. Et cependant, les divergences signalées sont si » bien le fait des qualités locales, des conditions de vita-» lité ou de mortalité qui se rencontrent dans les dépar-» tements indiqués, que non seulement les rapports effec-» tifs résultent de la moyenne de dix années, mais encore » qu'ils se retrouvent confirmés chaque année avec de » faibles oscillations. »

D'après les recherches de notre savant confrère, ce sont

(1) D'après l'Annuaire d'Eure-et-Loir pour l'année 1861 et *d'après la statistique officielle,* il n'y aurait même eu en 1859 dans ce département que 582 survivants à la fin de la première année, sur 1,000 nouveau-nés. Ce résultat, s'il était vrai, serait effrayant. L'administration a eu le tort, dans sa statistique, de ne tenir aucun compte des nouveau-nés étrangers au département, et morts dans le département au dessous d'un an. Le nombre des nourrissons placés dans l'arrondissement de Nogent-le-Rotrou est tel, certaines années, qu'il surpasse le nombre des enfants nés dans l'arrondissement. On comprend dès lors combien les décès de ces nourrissons doivent peser sur la statistique départementale des nouveau-nés morts au dessous d'un an, et combien ils doivent fausser cette statistique.

les treize départements groupés autour du département de la Seine qui offrent une plus grande mortalité du premier âge.

« Si, en raison de l'envoi en nourrice dans ces départements des enfants de Paris, dit-il, on ajoute à ces treize départements celui de la Seine, on obtient ainsi une surface de quatorze départements, qui offre encore une moyenne très défavorable à l'enfance, puisque, sur 1,000 naissances, 799 seulement parviennent à la fin de la première année, tandis que le reste de la France en conserve 852 au même âge. Si de ces rapports on remonte aux chiffres absolus, on trouve que la circonscription indiquée compte annuellement 173,000 naissances et 35,000 décès, de 0 à 1 an; tandis que si la mortalité était ici la même que dans le reste de la France, ce nombre de naissances ne donnerait que 26,000 décès. C'est donc un excédant de 9,000 extinctions prématurées que nous payons annuellement, et j'ose dire indûment, à la mort.

» Pourquoi, lorsqu'il succombe à peine un dixième des nouveau-nés dans certains départements, en meurt-il deux dixièmes et presque trois dixièmes dans d'autres? Comment expliquer une aggravation aussi manifeste de la mortalité de la première enfance, pesant si lourdement sur des départements dont la salubrité est d'ailleurs démontrée, puisque les âges subséquents n'y sont pas frappés plus que dans le reste de la France, et que quelques-uns, au contraire, comme le département de l'Eure, sont remarquables par la vitalité des autres âges? Cette question d'un haut intérêt pour l'État et pour les familles *n'a point encore été résolue.*

» La régularité avec laquelle les départements frappés se rangent autour de Paris, oblige d'admettre que c'est une influence étrangère émanant de la grande ville qui se démasque, et si l'on cherche quelle peut être cette

» influence, on n'en aperçoit que deux qui soient vraiment » manifestes :

» 1° Le nombre plus grand d'enfants naturels, sur les- » quels pèse, on le sait, une mortalité aggravée;

» 2° L'envoi des enfants en nourrice.

» La première cause entre certainement pour une frac- » tion dans l'excès mortel que nous avons signalé; mais » quelque part qu'on lui accorde, elle ne saurait expliquer » qu'une aggravation bien inférieure à celle qui est cons- » tatée (un supplément de 3,000 décès à peine).

» La plus grande part de l'excédant que nous avons » dénoncé paraît donc devoir être attribuée à l'usage cou- » pable où sont le plus grand nombre des mères d'aban- » donner leurs enfants à des mains étrangères, et de les » éloigner de leur surveillance à un âge où la vie est si » fugitive et où elle a besoin, pour être retenue, de soins » si assidus [1]. »

Un autre auteur qui s'est également occupé de cette question, le Dr Bouchut, s'exprime ainsi dans un Mémoire qu'il a présenté à l'Académie des sciences :

« Il est difficile d'expliquer d'une façon satisfaisante » l'augmentation de la mortalité des nouveau-nés dans » des départements considérés comme très salubres, alors » que pour les autres périodes de la vie, la mortalité dans » ces départements ne se trouve pas accrue dans les mêmes » proportions.

» Différentes hypothèses peuvent rendre compte de ce fait :

» 1° Le plus grand nombre des enfants abandonnés, » naturels ou légitimes, sur lesquels frappe une mortalité » considérable;

» 2° L'envoi en nourrice et le peu de soins que reçoivent » les enfants de Paris confiés à des femmes de la cam- » pagne.

(1) *Opinion nationale*, 2 décembre 1859.

» 3° Le grand nombre des maladies endémiques ou épi-
» démiques de la capitale qui rayonnent de Paris dans les
» départements voisins.

» Le Dr Bertillon n'admet que les deux premières hypo-
» thèses. Il rapporte à la première un supplément de
» 3,000 décès environ, chiffre que je crois exagéré, puisque
» pour les enfants trouvés de Paris envoyés dans les cam-
» pagnes, la mortalité est de 1,000 à 1,800 au plus au
» bout de la première année. C'est à la seconde hypothèse
» qu'il attribue l'excédant de mortalité du premier âge,
» c'est à dire 6,000 décès annuels, *mais sans fournir au-*
» *cune statistique des décès des enfants annuellement*
» *envoyés en nourrice de Paris à la campagne.*

» Il me semble que cette appréciation n'est pas rigou-
» reuse, et le tableau que nous avons donné (1) de la
» mortalité des enfants placés par l'établissement muni-
» cipal en est la preuve. Chez ces enfants, la mortalité
» varie de 139 à 613 par an; or, en ajoutant à ce chiffre
» *celui qu'on voudra supposer pour les enfants envoyés par*
» *les autres bureaux de Paris, il sera difficile de compléter*
» *un nombre de 6,000 décès.*

» Sans contester d'une manière absolue l'importance
» des deux causes admises par le Dr Bertillon, au sujet de
» l'aggravation de la mortalité des nouveau-nés dans cer-
» tains départements, il me paraît qu'elles ne sont pas
» seules à y concourir, et qu'il faut encore tenir compte de
» certaines influences locales particulières propres à ces
» localités ou rayonnant de Paris. Ces influences sont de
» deux sortes, endémiques ou épidémiques. On sait, en

(1) Le tableau que le Dr Bouchut a communiqué à l'Académie des sciences est dû à M. Husson, directeur de l'Assistance publique. Ce tableau prouve, d'après les relevés statistiques fournis par M. Husson pendant vingt années consécutives, que la moyenne de la mortalité des enfants envoyés en nourrice dans les départements par la Direction générale est de 29 centièmes.

» effet, que par suite des communications et des échanges » entre Paris et les départements voisins, les intermé- » diaires transportent de la ville et de la campagne, par » génération, deux de ces diathèses endémiques les plus » fâcheuses pour le premier âge, la syphilis et la scrofule. » De plus, il y a dans la capitale des épidémies perma- » nentes de scarlatine, de rougeole, de variole, de fièvre » typhoïde, de coqueluche, d'angine couenneuse, etc., » maladies contagieuses qui passent d'un quartier à un » autre, ce qui fait qu'on les croit éteintes lorsqu'elles » n'ont fait que se déplacer. C'est ainsi qu'elles sautent » par dessus les barrières, et que, pouvant être transpor- » tées par contagion, elles courent dans les départements » limitrophes exercer leurs ravages, de façon à accroître » le tribut que la population faible de ces pays paie à la » mort (1). »

Telles sont les opinions émises par les deux seuls auteurs qui, jusqu'à ce jour, se sont occupés de cette question. Examinons-les toutes les deux et cherchons la vérité. Pour cela, n'interrogeons que les faits, et n'oublions jamais ce mot de Stalh : « *Nunquam aliquid magni facias ex mera hypothesi aut opinione.* »

Le Dr Bertillon reconnaît que le nombre relativement plus grand d'enfants naturels dans les départements limitrophes de Paris exerce une certaine influence sur la mortalité exagérée des nouveau-nés dans ces départements; mais il considère cette influence comme peu importante. L'envoi dans ces départements des nourrissons de Paris lui paraît être la véritable cause de cet excédant de mortalité.

Différentes hypothèses, selon le Dr Bouchut, peuvent rendre compte de ce fait. Cet auteur admet dans une certaine mesure les causes signalées par le Dr Bertillon;

(1) *Gazette des Hôpitaux*, 25 octobre 1861.

mais il en conteste l'importance, et il veut que l'on en ajoute une troisième beaucoup plus puissante, selon lui : *le grand nombre de maladies endémiques ou épidémiques de la capitale, qui, de Paris, rayonnent dans les départements voisins.*

Je ferai tout d'abord observer au Dr Bouchut qu'en fait de statistique, les hypothèses ne sont propres qu'à égarer l'opinion; les faits seuls ont de la valeur. « Le Dr Bertillon, dit-il, a exagéré la mortalité des enfants trouvés dans les environs de Paris, en portant le chiffre de ces décès à 3,000. Ce chiffre ne serait que de 1,800. » La différence entre les deux nombres est tellement minime, qu'elle ne peut avoir aucune influence sur le résultat général. Il est donc inutile de s'y arrêter. On pourrait même dire, et ce serait peut-être un moyen de mettre les deux adversaires d'accord, que les chiffres qu'ils donnent l'un et l'autre manquent également d'exactitude, puisque les enfants trouvés sont toujours placés dans des départements éloignés de Paris.

Le Dr Bouchut reproche ensuite au Dr Bertillon de n'avoir fourni aucune statistique des décès annuels des enfants ainsi envoyés en nourrice dans les départements, et il croit qu'en ajoutant au nombre connu des décès des nourrissons placés par la Direction générale (139 à 613) *celui que l'on voudra supposer pour les enfants placés par les autres bureaux,* il sera toujours impossible d'arriver au chiffre de 6,000 décès annuels, excédant qu'a signalé son confrère.

Je me demande comment un médecin qui s'est occupé de la mortalité des nouveau-nés a pu formuler une semblable objection. Le Dr Bouchut ignore donc que les enfants placés par la Direction générale ne forment qu'une fraction bien minime du nombre des nourrissons envoyés chaque année de Paris en province? Il ignore donc que la mortalité des nourrissons placés par la Direction générale ne peut nullement être comparée à la mortalité des nourrissons que placent les bureaux particuliers? On serait, en vérité, tenté de le croire. La Direction générale place à peine chaque année 2 ou 3,000 enfants. Les bureaux particuliers en placent 12,000. La mortalité chez les nourrissons de la Direction n'est pas d'un tiers. La mortalité chez les nourrissons des bureaux particuliers est, dans un grand nombre de communes rurales, du quart, de la moitié, des quatre cinquièmes, quelquefois même de la totalité des enfants placés en nourrice. Est-il donc si difficile, avec un nombre aussi considérable de nourrissons et avec une telle mortalité, d'atteindre le chiffre de 6,000 décès indiqué par le Dr Bertillon, et regardé comme impossible par le Dr Bouchut? J'avoue que si quelque chose me paraît impossible, c'est que ce nombre ne soit pas toujours atteint, doublé, triplé même.

Pour expliquer cette mortalité exagérée des nouveau-nés dans les départements cités, le Dr Bouchut invoque les endémies et les maladies épidémiques contagieuses, qui sautent, selon lui, par dessus les barrières de Paris, et qui courent dans les départements limitrophes exercer leurs ravages et augmenter la mortalité de ces nouveau-nés.

Notre confrère ne donne aucune preuve à l'appui de cette opinion, qui n'est en réalité qu'une hypothèse, et je lui ferai, à mon tour, le reproche qu'il adressait tout à l'heure au Dr Bertillon : *de ne fournir aucune statistique des épidémies qui vont accroître le tribut que la population faible des départements limitrophes de Paris paie à la mort.*

Je ne prétends nullement nier le transport, l'importation même de certaines maladies épidémiques par voie de contagion. J'ai, au contraire, donné de ce fait une démonstration complète en 1849, époque à laquelle le choléra fut importé de Paris à Nogent-le-Rotrou par un convoi de nourrissons (1). Mais tous les médecins reconnaîtront avec moi que la scarlatine, la variole, la fièvre typhoïde, que cite le Dr Bouchut, sont des affections assez rares chez les nouveau-nés. Lors même que ces maladies seraient communes et seraient transportées de cette manière, on ne voit pas pourquoi elles frapperaient seulement les départements limitrophes de Paris, et l'on se demande pourquoi, après *avoir sauté* par dessus les barrières de Paris, elles ne sauteraient pas par dessus les limites tout à fait fictives des départements dans lesquels elles ont été importées, pour de là s'étendre dans les départements voisins. La facilité, la rapidité des communications qui existent partout aujourd'hui, ne rendent-elles pas d'ailleurs tout à fait illusoires, en fait de contagion, les dénominations surannées de départements limitrophes et de départements éloignés de Paris? Si des épidémies ainsi transportées étaient la véritable cause de l'excédant de mortalité en question, il resterait toujours à expliquer, et c'est ce que n'a pas fait le Dr Bouchut, pourquoi, dans ce cas, les nouveau-nés étrangers à ces départements sont seuls atteints.

Le Dr Bertillon a, selon moi, trouvé la véritable cause de l'excédant de mortalité des nouveau-nés dans certains départements, en attribuant cet excédant de décès à l'envoi en nourrice dans ces départements des nouveau-nés de Paris. Je regrette seulement que ce savant confrère, dont l'esprit d'investigation est si remarquable, n'ait donné cette cause que comme une probabilité, au lieu de la donner comme un fait désormais acquis à la science, et dont je suis heureux de pouvoir ici lui donner la démonstration.

En substituant des hypothèses aux faits, le Dr Bouchut a vainement cherché à atténuer l'importance de la cause

(1) Brochard, *Du mode de propagation du choléra et de la nature contagieuse de cette maladie*. J.-B. Baillière. Paris, 1851.

signalée par son confrère. Il a vainement cherché à expliquer cet excédant mortuaire par de prétendues influences épidémiques, dont il n'a nullement démontré l'existence, et qu'il n'a appuyées sur aucune preuve. Son opinion demeure donc entièrement isolée et sans valeur aucune.

« Que la science, que la statistique médicale, ajoute le » Dr. Bertillon, démontrent donc à tous les yeux que les » parents qui envoient leurs enfants en nourrice, doublent » eux-mêmes volontairement les chances de mort de leurs » enfants; que l'administration, qui a charge de l'hygiène » publique, donne une grande publicité à ces lamentables » résultats, afin que personne n'en ignore. »

J'ai pensé que le meilleur moyen de répondre à cet appel, et de fixer la science à cet égard, était de faire sur les registres mêmes de l'État civil de l'un des arrondissements de France dans lesquels s'exerce cette industrie, le relevé des décès des nourrissons de Paris morts dans cet arrondissement. J'ai naturellement choisi, pour faire ces recherches, l'arrondissement de Nogent-le-Rotrou, que j'habitais. Je ne me dissimule nullement les imperfections d'un travail pour lequel je n'avais aucun guide, aucun modèle, pour lequel même je manquais quelquefois des renseignements qui m'étaient nécessaires. Mais, tout imparfait qu'il puisse être, ce travail renferme des chiffres qui éveilleront l'attention des administrateurs, des statisticiens et des pères de famille, et qui serviront plus tard à mes confrères si, comme je l'espère, quelques-uns d'entre eux suivent mon exemple.

Ces chiffres démontrent :

1° Que l'excédant de mortalité qui existe chez les nouveau-nés dans certains départements est dû uniquement à l'envoi en nourrice dans ces départements des nouveau-nés de Paris;

2° Que la mortalité excessive qui règne parmi ces nourrissons est due au manque de soins et à l'absence totale de surveillance;

3° Que cette mortalité diminuerait de plus de moitié si l'autorité prenait pour cela les mesures nécessaires.

Prouver de tels faits me paraît un devoir. Ma conscience me dit de le remplir. Elle me dit que c'est faire une chose utile à la morale, utile surtout à l'enfance souffrante, à laquelle je suis déjà si heureux d'avoir consacré les plus longues et les plus belles années de ma vie.

On ne saurait, pour expliquer l'abandon inouï dans lequel on laisse les nourrissons de Paris, alléguer que le nombre de ces enfants ainsi disséminés dans les campagnes est peu considérable, et ne vaut pas la peine d'être pris en considération. D'après des relevés qui émanent de la préfecture de police elle-même, et que je dois à l'obligeance de mes savants confrères les docteurs Vernois et Denis, ce nombre augmente tous les ans; il est aujourd'hui de près de 12,000, comme on peut voir par le tableau suivant :

TABLEAU STATISTIQUE *des enfants placés en nourrice par l'intermédiaire des bureaux particuliers de Paris, dits Petits Bureaux.*

ANNÉES.	NOMBRE d'enfants envoyés en nourrice	ANNÉES.	NOMBRE d'enfants envoyés en nourrice
1851	6,426	1859	11,370
1852	7,157	1860	11,315
1853	7,642	1861	11,683
1854	8,114	1862	11,202
1855	8,064	1863	11,354
1856	9,148	1864	11,491
1857	9,988	1865	11,906
1858	10,381		

La Direction municipale ou générale, de son côté, plaçait, il y a peu d'années encore, de 3,000 à 4,000 nourrissons. Si à ces enfants on ajoute ceux que les parents mettent en nourrice eux-mêmes directement, sans l'entremise d'aucun bureau, et dont je porte approximativement le nombre à 5,000, *chiffre certainement trop faible*, on voit que chaque année plus de 20,000 nouveau-nés, appartenant à toutes les classes de la population parisienne, partent de la capitale pour aller en nourrice dans les départements.

Que deviennent les 20,000 enfants ainsi envoyés tous les ans dans les départements, ainsi lâchés dans les campagnes, selon l'expression pittoresque du Dr Jousset, de Bellême? *On n'a jamais cherché à le savoir.*

Autrefois, ces nourrissons n'étaient placés que dans les départements voisins de Paris, où la surveillance des parents pouvait encore jusqu'à un certain point s'exercer. Aujourd'hui, grâce aux chemins de fer, les bureaux particuliers étendent leur commerce de tous côtés et envoient des enfants en nourrice dans des départements éloignés, pauvres, où ces nouveau-nés sont mal sous tous les rapports, et où les parents ne peuvent pas aller les surveiller. Le résultat de ce progrès de l'industrie est lamentable. D'après les recherches auxquelles je me suis livré, d'après les communications officieuses qu'ont bien voulu me faire des confrères comme moi bien placés pour observer, je crois pouvoir affirmer qu'il meurt au moins 15,000 de ces enfants.

Presque tous les décès de ces nourrissons sont dus au manque de soins, au défaut de surveillance. Personne cependant ne s'en préoccupe, comme si cela n'était rien pour la société, que 15,000 familles en deuil qui pleurent un nouveau-né; comme si cela n'était rien pour l'État, que 15,000 enfants qui meurent prématurément, au lieu de devenir un jour ses soutiens! Et si, soulevant le voile épais qui dans certains départements dérobe aux regards la courte existence des enfants trouvés, assistés, etc., on examine quels sont chez ces enfants les effets réels des lenteurs et des formalités administratives, de l'incurie des nourrices, de l'éducation au biberon, on trouve une mortalité telle, que l'on se demande en vérité si, pour assister ces nouveau-nés, la philanthropie moderne ne les enveloppe pas quelquefois, sans même les compter, dans le commode et immense linceul de l'économie et de la moralisation. Est-il croyable, en effet, que, faute de leur donner quand ils viennent de naître une alimentation convenable, faute de les surveiller, l'État consente à perdre ainsi, non pas chaque année, mais chaque mois, des milliers d'enfants? Au point de vue de la morale, au point de vue de l'humanité, au point de vue de la religion, cela n'est pas croyable, et cependant cela est vrai.

En présence de l'inertie de l'autorité, c'est au corps médical à prendre l'initiative dans cette grave et importante question. Que tous les médecins des épidémies fassent pour leurs arrondissements respectifs ce que j'ai fait pour l'arrondissement de Nogent-le-Rotrou, et l'on saura enfin d'une manière certaine le nombre des victimes qui composent chaque année la monstrueuse hécatombe des nourrissons en France.

L'impossibilité de savoir combien il y avait de nourrissons dans l'arrondissement fut tout d'abord pour moi une difficulté presque insurmontable. La préfecture, à laquelle je m'adressai, ignorait même le nom des communes dans lesquelles ces enfants étaient placés. Il serait pourtant bien facile de faire disparaître cette difficulté, que tous mes collègues rencontreront probablement comme moi. Puisque l'on inscrit à la préfecture de police toutes les nourrices lorsqu'elles partent de Paris, pourquoi n'inscrirait-on pas dans leurs mairies respectives ces mêmes nourrices lorsqu'elles arrivent dans leurs communes? Par ce moyen bien simple, on saurait toujours combien il y a de nourrissons dans une commune, combien il y en a dans un arrondissement, combien il y en a dans un département.

Et afin qu'aucun nourrisson ne puisse échapper à l'observation, pas même ceux qui sont placés directement par les parents, pourquoi toutes les femmes qui prennent un nourrisson ne seraient-elles pas tenues de se faire inscrire à leurs mairies respectives? Cette mesure, qui éviterait bien des abus, bien des crimes même, n'aurait, il me semble, rien d'arbitraire, rien de vexatoire. Il n'est pas permis dans le Perche à un étalon de parcourir les campagnes et de faire la monte s'il n'a été accepté par une commission spéciale et s'il n'a été autorisé par le préfet. Une jument qui a été primée dans un concours ne peut pas, du moins pendant un certain temps, sortir de l'arrondissement, et l'autorité se réserve le droit de toujours savoir où sont les poulains ou les pouliches auxquels elle a donné le jour. Serait-il donc si étrange, après cela, qu'une femme qui prend un nourrisson fût obligée de donner son nom et sa demeure, afin que l'autorité pût toujours savoir, ce qu'elle n'ignore que trop souvent aujourd'hui, *ce qu'est devenu ce nourrisson?* L'existence d'un nouveau-né de Paris ne vaut-elle donc pas, aux yeux de la société, l'existence d'un poulain ou d'une pouliche pur sang?

Afin de me mettre à même de triompher de cette difficulté, le sous-préfet de Nogent chargea tous les maires de l'arrondissement de faire une enquête ayant pour but d'établir d'une manière certaine et positive quels étaient dans leurs communes respectives : 1° le nombre des nourrissons placés par les bureaux particuliers de Paris; 2° le nombre des nourrissons placés directement par les parents [1].

Cette enquête, faite à plusieurs reprises avec un soin

[1] Ce nombre étant relativement peu considérable dans l'arrondissement de Nogent, je confondrai dorénavant ces nourrissons avec ceux qui sont placés par les bureaux particuliers. Cela ne changera rien aux résultats généraux.

minutieux, me permit de savoir quel était, en moyenne, le nombre des nourrissons placés annuellement dans chaque commune. Comme j'étais chargé du service médical de la Direction générale, je connaissais exactement le nombre des nourrissons qu'elle avait placés dans ces mêmes communes. J'eus donc tout à la fois un point de départ et un terme de comparaison.

Je pris alors au hasard les deux années 1858 et 1859, années pendant lesquelles il n'y avait eu dans l'arrondissement de Nogent-le-Rotrou *aucune épidémie, ni aucune influence épidémique,* et je fis moi-même sur les registres de l'état civil de l'arrondissement le relevé des décès des nourrissons de Paris morts dans l'arrondissement pendant ces deux années. J'eus soin de mettre à part les décès des nourrissons appartenant aux bureaux particuliers et les décès des nourrissons appartenant à la Direction municipale ou générale. Ces recherches me permirent de dresser les tableaux suivants, dans lesquels se trouvent pour les 54 communes de l'arrondissement :

1° La distance en kilomètres de chaque commune au chef-lieu de l'arrondissement ;

2° Le nombre moyen des nourrissons des bureaux particuliers (petits bureaux) placés annuellement dans chacune de ces communes ;

3° Le nombre des décès de ces nourrissons pendant les années 1858 et 1859 ;

4° Le nombre des nourrissons de la Direction générale (grand bureau) placés dans chacune de ces communes pendant les deux années 1858 et 1859 ;

5° Le nombre des décès de ces nourrissons pendant les années 1858 et 1859.

Arrondissement de Nogent-le-Rotrou.

TABLEAU STATISTIQUE *des nourrissons placés dans le canton de Nogent-le-Rotrou.*

NOM des COMMUNES.	Distance en kilomètres de chaque commune au chef-lieu de l'arrondissement.	Nombre moyen des nourrissons des Petits Bureaux placés annuellement dans chaque commune.	DÉCÈS des nourrissons des Petits Bureaux pendant les années		NOMBRE des nourrissons du Grand Bureau placés dans chaque commune pendant les années		DÉCÈS des nourrissons du Grand Bureau pendant les années	
			1858	1859	1858	1859	1858	1859
Nogent-le-Rotrou	»	100	18	19	39	51	5	5
Argenvilliers....	14	11	5	6	15	29	2	9
Brunelles.......	6	6	3	4	25	32	1	8
Champrond - en - Perchet.......	5	5	3	6	20	15	5	4
La Gaudaine....	8	13	6	7	4	7	2	1
Margon.........	2	5	3	7	8	12	»	1
St-Jean-Pre-Fixte	3	6	1	1	5	7	»	3
Souancé........	6	14	7	6	12	17	»	1
Trizay-Coutretot.	6	18	4	7	12	10	»	4
Vichères........	10	13	3	8	10	14	1	3
TOTAUX........		191	53	71	150	194	16	39

TABLEAU STATISTIQUE *des nourrissons placés dans le canton d'Authon.*

NOM des COMMUNES.	Distance en kilomètres	Nombre moyen des nourrissons	Décès P. B. 1858	Décès P. B. 1859	Nombre G. B. 1858	Nombre G. B. 1859	Décès G. B. 1858	Décès G. B. 1859
Authon.........	18	41	17	20	5	4	»	2
Autels-Villevilon (les)..........	22	18	11	7	»	»	[illegible]	»
Bazoche-Gouet (la)	25	80	18	24	»	»	»	»
Beaumont-les-Autels	14	7	5	4	7	14	1	1
Bethonvilliers...	14	3	1	5	9	10	1	2
Chaple-Guillaume	27	52	13	19	»	»	»	»
Chapelle-Royale.	28	8	5	6	»	»	»	»
Charbonnières...	17	12	8	8	4	11	»	2
Coudray........	10	9	3	6	12	10	4	»
Etilleux (les)....	10	10	1	4	2	2	»	1
Luigny.........	20	29	10	7	»	»	»	»
Miermaigne.....	17	6	7	6	»	»	»	»
Moulhard.......	24	8	0	3	»	»	»	»
Saint-Bomert...	14	4	3	5	1	2	»	1
Soizé...........	20	28	12	16	5	4	2	1
TOTAUX.......		315	114	140	47	57	8	10

TABLEAU STATISTIQUE *des nourrissons placés dans le canton de La Loupe.*

NOM des COMMUNES.	Distance en kilomètres de chaque commune au chef-lieu de l'arrondissement.	Nombre moyen des nourrissons des Petits Bureaux placés annuellement dans chaque commune.	DÉCÈS des nourrissons des Petits Bureaux pendant les années		NOMBRE des nourrissons du Grand Bureau placés dans chaque commune pendant les années		DÉCÈS des nourrissons du Grand Bureau pendant les années	
			1858	1859	1858	1859	1858	1859
La Loupe	23	7	3	2	3	1	»	»
Belhomert	28	14	3	4	6	8	»	2
Champrond-en-Gâtine	23	21	7	17	2	2	1	1
Corvées-les-Yss	26	8	1	3	»	»	»	»
Fontaine-Simon	27	9	4	3	»	3	»	2
Friaize	28	5	1	4	»	»	»	»
Manou	29	»	2	»	6	9	3	1
Meaucé	25	1	1	2	1	»	»	»
Montireau	19	8	2	3	1	»	»	»
Montlandon	19	14	6	6	»	»	»	»
Saint-Denis-des-Puits	30	2	»	»	»	»	»	»
Saint-Eliph	22	26	18	11	7	4	3	»
Saint-Maurice	27	3	»	6	5	2	»	»
Saint-Victor-de-Buthon	16	8	1	3	2	»	»	»
Thieulin (le)	17	9	3	3	1	1	»	»
Vaupillon	21	8	6	5	9	10	1	2
Villebon	32	1	»	»	»	»	»	»
TOTAUX		134	58	72	43	40	8	8

TABLEAU STATISTIQUE *des nourrissons placés dans le canton de Thiron.*

NOM des COMMUNES.	Distance en kilomètres de chaque commune au chef-lieu de l'arrondissement.	Nombre moyen des nourrissons des Petits Bureaux placés annuellement dans chaque commune.	DÉCÈS des nourrissons des Petits Bureaux 1858	DÉCÈS des nourrissons des Petits Bureaux 1859	NOMBRE des nourrissons du Grand Bureau 1858	NOMBRE des nourrissons du Grand Bureau 1859	DÉCÈS des nourrissons du Grand Bureau 1858	DÉCÈS des nourrissons du Grand Bureau 1859
Thiron	13	3	5	8	12	13	»	4
Chassant	19	20	5	8	1	1	»	»
Combres	19	29	6	18	»	»	»	»
Coudreceau	8	14	9	16	31	27	7	7
Croix-du-Perche (la)	19	14	5	6	»	»	»	»
Frazé	25	17	15	18	»	»	»	»
Fretigny	14	32	10	18	»	»	»	»
Happonvilliers	22	13	4	6	»	»	»	»
Marolles	10	24	10	7	5	7	»	1
Montigny	26	46	13	21	5	5	»	1
Nonvilliers-Grand-Houx	28	23	14	8	»	»	»	»
Saint-Denis-d'Authou	11	14	3	12	11	2	2	2
TOTAUX		249	99	146	65	55	9	15

TABLEAU STATISTIQUE *des nourrissons placés dans l'arrondissement.*

CANTONS.	Nombre moyen des nourrissons des Petits Bureaux placés annuellement dans chaque canton.	DÉCÈS des nourrissons des Petits Bureaux pendant les années		NOMBRE des nourrissons du Grand Bureau placés dans chaque canton pendant les années		DÉCÈS des nourrissons du Grand Bureau pendant les années	
		1858	1859	1858	1859	1858	1859
Nogent-le-Rotrou.......	191	53	71	150	194	16	39
Authon................	315	114	140	47	57	8	10
La Loupe.............	134	58	72	43	40	8	8
Thiron...............	249	99	146	65	55	9	15
TOTAUX.......	889	324	429	305	346	41	72
TOTAUX pendant 2 ans.	1778	753		651		113	

L'inspection de ces tableaux prouve de suite que le nombre des nourrissons placés dans l'arrondissement de Nogent par les petits bureaux est beaucoup plus considérable que celui des nourrissons placés par la Direction générale.

Il y a eu, en effet, pendant les deux années 1858 et 1859, 1,778 enfants placés par les bureaux particuliers; il n'y en a eu que 651 de placés par la Direction générale.

Ces tableaux nous prouvent également que la mortalité est beaucoup plus considérable parmi les nourrissons des petits bureaux que parmi ceux de la Direction générale.

Sur 1,778 nourrissons placés dans l'espace de deux ans par les bureaux particuliers, il en est mort 753, soit 0,42.

Sur 651 nourrissons placés dans le même laps de temps par la Direction générale, il en est mort 113, soit 0,17.

La mortalité chez les nourrissons des petits bureaux a donc été plus que double de celle qui a eu lieu chez les nourrissons de la Direction générale.

Une différence de mortalité aussi grande chez des

nourrissons qui se trouvent dans des conditions identiques d'âge, de santé, d'origine et d'habitation, ne peut évidemment tenir qu'à la différence des soins que ces nouveau-nés reçoivent et à la différence de surveillance dont ils sont l'objet.

Ces tableaux démontrent en outre, d'une manière péremptoire, un fait que j'ai déjà eu occasion de signaler, et sur lequel je ne saurais trop insister : c'est le soin que prennent toujours les nourrices des petits bureaux de demeurer loin du chef-lieu d'arrondissement. *Elles sont là plus à l'aise, personne ne peut les surveiller.* Ainsi, les cantons d'Authon et de Thiron renferment beaucoup plus de nourrissons des petits bureaux que les cantons de Nogent et de La Loupe; ce dernier canton, situé sur la ligne du chemin de fer, se trouvant de fait plus rapproché du chef-lieu que les deux autres.

Dans chaque canton, ce sont également les communes *les plus retirées, les plus pauvres,* qui comptent le plus grand nombre de nourrissons des petits bureaux.

Dans le canton d'Authon, ce sont les communes de La Bazoche, de Chapelle-Guillaume, de Luigny, de Soizé qui renferment le plus grand nombre de ces malheureux enfants (1). C'est aussi dans ces communes, bien entendu, que la mortalité des nourrissons est excessive. A Chapelle-Guillaume, à La Bazoche, à Soizé, il est mort en 1859 plus du tiers, plus du quart, plus de la moitié des

(1) La commune d'Authon semble faire exception à cette loi générale; en voici la raison : Le canton d'Authon, limitrophe des arrondissements de Châteaudun (Eure-et-Loir) et de Vendôme (Loir-et-Cher), est habité par un meneur qui exploite les communes qui l'environnent, *toutes très éloignées de leur chef-lieu judiciaire.* Ce meneur place donc des nourrissons des petits bureaux dans des communes qui appartiennent à deux départements différents, et qui sont distantes chacune en moyenne de huit à neuf lieues de leurs chefs-lieux respectifs. A cette distance des villes, *personne ne sait ce qui se passe.* Il est regrettable que les parquets de Nogent-le-Rotrou, de Châteaudun et de Vendôme n'aient pas encore cherché à le savoir.

nourrissons. A Chapelle-Royale, l'une des communes les plus éloignées de l'arrondissement, sur 8, il en est mort 6; à Miermaigne, sur 6, il en est mort 6!

Dans le canton de La Loupe, on observe le même fait. Les communes les plus éloignées du chef-lieu sont Saint-Eliph, Friaize, Belhomert. Il meurt là près de la moitié, les quatre cinquièmes, la *totalité des nourrissons!*

Dans le canton de Thiron, qui est le plus pauvre, le plus retiré de tout l'arrondissement, les choses se passent d'une manière plus triste encore. A Combres, sur 29 nourrissons, il en meurt 18; à Saint-Denis-d'Authou, sur 14, il en meurt 12; à Coudreceau, à Frazé, *les nourrissons meurent en totalité.*

On peut remarquer que la Direction générale ne place presque jamais d'enfants dans ces communes éloignées où les nourrissons des petits bureaux se trouvent en si grande quantité et où ils meurent en si grand nombre. La commune de Coudreceau, qui seule faisait exception à cette règle, a depuis quelques années été supprimée du service de la Direction.

La mortalité exceptionnelle qui existe dans la commune de Coudreceau est un grand enseignement pour l'hygiène des nourrissons, et démontre combien est dangereuse pour ces enfants leur agglomération dans des villages; combien, par conséquent, est fausse l'idée que cherche à faire prévaloir en ce moment le docteur Mayer, de créer des colonies maternelles dans chacune desquelles on réunirait de 500 à 1,000 nourrices et autant de nourrissons. Ces colonies maternelles seraient décimées par des épidémies meurtrières. Il en est des nouveau-nés comme des femmes en couches, on ne doit jamais les agglomérer.

Située dans une des parties les plus pittoresques du Perche, accidentée, bien boisée, traversée par un cours d'eau limpide, la commune de Coudreceau se trouve dans des conditions hygiéniques excellentes, et cependant la mortalité des nourrissons y est excessive. Par une exception très rare dans le Perche, cette commune renferme deux villages voisins l'un de l'autre, dans l'un desquels il existe une fabrique de poterie. C'est là que se trouvent réunies presque toutes les nourrices, dont un grand nombre sont ouvrières. Cette double raison explique à mes yeux la mortalité qui frappe les nourrissons dans cette commune; car si les nouveau-nés se trouvent toujours très mal de leur agglomération dans des villages, ils se trouvent tout aussi mal d'être confiés à des nourrices ouvrières. J'ai toujours remarqué que les bonnes ouvrières à la campagne faisaient toujours de mauvaises nourrices. Il est facile de comprendre, en effet, que plus ces femmes aiment le travail, moins elles s'occupent de leurs nourrissons.

Un simple coup-d'œil jeté sur ces tableaux prouve au lecteur que dans les communes mêmes où les nourrissons des petits bureaux meurent en si grande quantité, la mortalité est relativement beaucoup moindre parmi les nourrissons du grand bureau, ce qui prouve que l'influence d'une surveillance active se fait toujours et partout sentir.

Cette mortalité des nourrissons des petits bureaux dans l'arrondissement de Nogent-le-Rotrou est tellement considérable, qu'elle ne peut même pas être comparée *à la mortalité qu'occasionnent les plus cruelles épidémies;* elle la surpasse de beaucoup. Quand on pense qu'une telle mortalité a lieu dans un arrondissement peu éloigné de Paris, possédant un service de la Direction parfaitement organisé, et remarquable par sa salubrité, on se demande quel chiffre doit atteindre cette mortalité dans certains arrondissements éloignés de Paris, qui n'ont pas de service de la Direction, et qui peuvent quelquefois ne pas se trouver dans d'aussi bonnes conditions hygiéniques que l'arrondissement de Nogent.

Un magistrat qui occupe aujourd'hui de hautes fonctions dans le Parquet, eut la complaisance, pendant qu'il était à Joigny, de faire, sur ma demande, le relevé des décès des nourrissons de Paris dans cet arrondissement. A l'époque où ce magistrat m'adressa ce relevé, l'année n'était pas entièrement terminée, et il y avait déjà 395 décès. Un praticien distingué de la Nièvre m'écrivait, il y a peu de temps, qu'il n'y avait dans ce département que des nourrissons des petits bureaux : *la mortalité parmi ces enfants,* ajoutait-il, *est presque générale.* J'ai donc tout lieu de penser que les choses ne se passent pas mieux dans les autres départements que dans le département d'Eure-et-Loir.

Il résulte évidemment de tout ce que je viens de dire, que la mortalité des nourrissons des bureaux particuliers de Paris (petits bureaux) est excessive dans l'arrondissement de Nogent-le-Rotrou et dans toute la France, tandis que la mortalité des nourrissons de la Direction générale (grand bureau), en moyenne 0,29, n'a rien d'extraordinaire.

Ce résultat de la statistique devrait engager les familles parisiennes qui ont besoin d'une nourrice, à toujours s'adresser à la Direction générale (grand bureau). A part tous les avantages que leur offre cette institution philanthropique, les mères de famille sont assurées que les nouveau-nés qu'elles lui confient sont parfaitement soignés s'ils sont malades, et qu'ils ont, en outre, beaucoup moins de chances de mort. Pour l'arrondissement de Nogent-le-Rotrou, cette différence est énorme; elle est d'un quart, soit 0,25. Il est inoui, en présence de tels faits qui se répètent toujours les mêmes dans un grand nombre de départemements, que des mères de famille aient encore le courage de s'adresser aux bureaux particuliers des nourrices de Paris (petits bureaux). Ces établissements, qui placent tous les ans près de 12,000 nourrissons à la campagne sans jamais s'occuper de ces malheureux enfants, devraient être supprimés, au nom de la morale et de l'intérêt public.

Afin de me rendre un compte exact de la mortalité des nourrissons de Paris dans l'arrondissement de Nogent-le-Rotrou, j'ai cherché à comparer cette mortalité avec celle des enfants nés dans l'arrondissement, élevés en même temps que les nourrissons et décédés comme eux avant l'âge de deux ans. Il est évident que ces nourrissons et ces enfants se sont trouvés, sous tous les rapports, dans des conditions aussi identiques que possible.

Pour arriver à ce but, j'ai dressé les tableaux suivants, qui donnent, pour les quatre cantons de l'arrondissement de Nogent-le-Rotrou :

1° La population de chaque commune;

2° Le nombre des naissances dans chacune de ces communes pendant les années 1858 et 1859;

3° Le nombre des décès dans chacune de ces communes pendant les années 1858 et 1859;

4° Le nombre des enfants de chaque commune décédés avant l'âge de deux ans pendant les années 1858 et 1859;

5° Le nombre total des nourrissons, *sans distinction d'origine,* décédés dans chacune de ces communes pendant les années 1858 et 1859.

L'examen de ces tableaux confirmera une partie des faits que nous avons déjà fait connaître, et nous en révèlera d'autres de bien curieux sous le rapport de la statistique.

Arrondissement de Nogent-le-Rotrou.

TABLEAU STATISTIQUE *des naissances et des décès dans le canton de Nogent-le-Rotrou.*

NOMS des COMMUNES.	POPULATION.	NOMBRE des naissances en		NOMBRE des décès en		ENFANTS de la commune âgés de moins de 2 ans décédés en		NOURRISSONS décédés en	
		1858	1859	1858	1859	1858	1859	1858	1859
Nogent-le-Rotrou ..	6,770	163	156	228	232	37	35	23	24
Argenvilliers......	710	34	24	24	41	7	10	7	15
Brunelles	927	26	27	20	43	5	5	4	12
Champrond-en-Perchet	328	9	16	24	24	1	7	8	10
La Gaudaine	333	9	10	21	20	5	4	8	8
Margon............	501	7	9	14	17	1	1	3	8
St-Jean-Pierre-Fixte	309	9	4	6	9	2	2	1	4
Souancé...........	1,121	24	26	33	27	4	3	7	7
Trizay-Coutretot...	588	23	17	18	31	3	7	4	11
Vichères..........	806	19	17	24	34	2	4	4	11
TOTAUX.....	12,393	323	306	412	478	67	78	69	110
TOTAUX pend. 2 ans.	......	629		890		145		179	

TABLEAU STATISTIQUE *des naissances et des décès dans le canton d'Authon pour les années 1858 et 1859.*

NOMS des COMMUNES.	POPULATION.	Naissances 1858	Naissances 1859	Décès 1858	Décès 1859	Enfants 1858	Enfants 1859	Nourrissons 1858	Nourrissons 1859
Authon	1,558	35	47	56	58	7	12	17	22
Autels - Villevillon (les).....	582	18	12	21	20	5	2	11	7
Bazoche-Gouet (la).	2,192	58	60	51	80	5	12	18	24
Beaumont-les-Autels	934	20	28	28	34	5	14	6	5
Bethonvilliers	454	12	16	17	18	3	4	2	7
Chapelle-Guillaume	891	21	31	38	58	4	9	13	19
Chapelle-Royale ...	556	14	13	22	25	3	3	5	6
Charbonnières	872	20	26	22	33	3	8	8	10
Coudray-au-Perche.	754	15	20	29	26	3	3	7	6
Etilleux (les)......	409	9	15	11	32	1	5	1	5
Luigny	730	17	24	28	20	5	6	10	7
Miermaigne	456	9	7	15	17	2	5	7	6
Moulhard	361	12	12	6	11	2	4	0	3
Saint-Bomert......	520	7	7	11	23	3	4	3	6
Soizé	761	19	19	37	40	5	6	14	17
TOTAUX.....	12,030	286	337	392	505	56	97	122	150
TOTAUX pend. 2 ans.	......	623		897		153		272	

TABLEAU STATISTIQUE *des naissances et des décès dans le canton de La Loupe.*

NOMS des COMMUNES.	POPULATION.	NOMBRE des naissances en		NOMBRE des décès en		ENFANTS de la commune âgés de moins de 2 ans décédés en		NOURRISSONS décédés en	
		1858	1859	1858	1859	1858	1859	1858	1859
La Loupe	1,355	37	25	36	42	6	6	3	2
Belhomert-Guéhouville.	652	19	10	26	20	5	1	3	6
Champrond-en-Gâtine ..	829	10	20	33	39	2	7	8	18
Corvées-les-Yss (les)	585	10	10	15	14	4	2	1	3
Fontaine-Simon	714	16	12	18	18	1	2	4	5
Friaize............	439	11	11	4	28	1	4	1	4
Manou............	807	15	16	21	19	»	4	5	1
Meaucé	329	10	10	9	14	1	3	1	2
Montireau.........	322	4	6	5	14	»	2	2	3
Montlandon	454	6	13	18	11	2	2	6	6
St-Denis-des-Puits..	271	4	8	6	5	»	1	»	»
St-Eliph	931	17	25	45	33	5	9	21	11
St-Maurice-St-Germain	516	12	13	9	14	1	1	»	6
St-Victor-de-Buthon	1,038	23	17	31	23	8	4	1	3
Thieulin (le)	364	5	11	10	14	»	2	3	3
Vaupillon	761	15	16	21	32	»	4	7	7
Villebon	146	4	2	3	2	»	»	»	»
TOTAUX......	10,513	218	225	310	342	36	54	66	80
TOTAUX pend. 2 ans.	......	443		652		90		146	
TABLEAU STATISTIQUE *des naissances et des décès dans le canton de Thiron.*									
Thiron............	621	12	14	16	23	2	1	5	12
Chassant..........	431	9	5	18	19	1	2	5	8
Combres	865	19	20	17	41	3	5	6	18
Coudreceau	875	21	26	44	52	8	11	16	23
Croix-du-Perche (la)	440	10	12	16	12	2	2	5	6
Frazé.............	1,505	37	37	43	38	8	10	15	18
Fretigny..........	1,181	29	26	30	19	5	10	10	18
Happonvilliers.....	562	15	15	18	23	3	4	4	6
Marolles	662	12	20	25	17	4	4	10	8
Montigny-le-Chart..	1,207	22	36	48	43	2	4	13	22
Nonvilliers-Grandhoux.	593	11	14	23	35	3	8	14	8
St-Denis-d'Authou..	936	31	15	40	31	1	5	5	14
TOTAUX.....	9,878	228	240	338	353	42	66	108	161
TOTAUX pend. 2 ans.	......	468		691		108		269	

TABLEAU STATISTIQUE *des naissances et des décès dans l'arrondissement pendant les deux années 1858 et 1859.*

CANTONS.	POPULATION.	NOMBRE des naissances pendant les 2 années 1858 et 1859.	NOMBRE des décès pendant les 2 années 1858 et 1859.	ENFANTS des cantons âgés de moins de 2 ans décédés pendant les 2 années 1858 et 1859.	NOURRISSONS décédés pendant les 2 années 1858 et 1859.
Nogent-le-Rotrou..	12,393	629	890	145	179
Authon..........	12,030	623	897	153	272
La Loupe........	10,513	443	652	90	146
Thiron..........	9,878	468	691	108	269
TOTAUX......	44,814	2,163	3,130	496	866

TABLEAU STATISTIQUE *des naissances et des décès dans l'arrondissement.*

ARRONDISSEMENT de Nogent-le-Rotrou.	POPULATION.	NOMBRE des naissances pendant les années		NOMBRE des décès pendant les années		ENFANTS de l'arrondiss. décédés au-dessous de 2 ans pend. les années		NOURRISSONS décédés dans l'arrondiss. pendant les années	
		1858	1859	1858	1859	1858	1859	1858	1859
	12,393	1,055	1,108	1,452	1,678	261	295	365	501
Pend. les 2 années réunies.		2,163		3,130		496		866	

On voit tout d'abord que sur 2,429 nourrissons sans distinction d'origine, qui ont été placés dans l'arrondissement de Nogent-le-Rotrou pendant les deux années 1858 et 1859, il y a eu 866 décès.

La mortalité des nourrissons dans l'arrondissement de Nogent a donc été d'un peu plus d'un tiers, ou de 0,35.

Pendant les deux mêmes années 1858 et 1859, il y a eu dans l'arrondissement 2,163 naissances, sur lesquelles on a compté 496 décès d'enfants morts au-dessous de l'âge de deux ans. Cette mortalité a donc été de 0,22.

La mortalité des enfants nés dans l'arrondissement de

Nogent n'ayant été pendant ces deux années que de 0,22, il est impossible d'attribuer la mortalité des nourrissons, dans le même laps de temps, à des causes locales ou à des influences épidémiques. Les nourrissons n'auraient pas été les seuls atteints par ces causes générales.

Si nous cherchons quelle a été la mortalité des nourrissons au chef-lieu de l'arrondissement, *près de l'autorité, près des médecins,* nous trouvons que sur 290 nourrissons qui ont été placés dans la commune de Nogent pendant les deux années 1858 et 1859, il y a eu 47 décès, soit 0,16. Il est facile de reconnaître dans ce résultat l'influence immédiate des soins et de la surveillance, toujours plus grande au chef-lieu de l'arrondissement.

Pendant le même laps de temps, il est né dans la commune de Nogent 319 enfants, sur lesquels il en est mort 72 âgés de moins de deux ans. La mortalité pour les enfants nés dans la commune de Nogent a donc été, comme pour les enfants nés dans l'arrondissement, de 0,22.

Ainsi, au chef-lieu de l'arrondissement, la mortalité des nourrissons de Paris est moins grande que celle des enfants nés dans la commune ([1]).

Ce résultat n'a rien qui doive surprendre; il est au

([1]) Ce chiffre, relativement très faible, de la mortalité des nourrissons dans la ville même de Nogent, ne détruit en rien ce que j'ai dit des dangers qu'offre pour les nouveau-nés leur agglomération dans des villages ou dans de grands centres de population. La ville de Nogent offre à cet égard une disposition toute particulière que l'on ne retrouve, je crois, dans aucune autre ville de France. Vue à vol d'oiseau, elle offre l'aspect d'un vaste parallélogramme, dont l'intérieur est occupé par des prairies naturelles qui n'ont pas moins de 10 à 12 hectares de superficie. Il résulte de cette disposition que le périmètre de la ville est de 5 kilomètres 200 mètres, et que les divers quartiers sont très éloignés les uns des autres. La plupart des nourrices habitant les faubourgs ou hors ville se trouvaient à la campagne. La première condition exigée par moi pour obtenir un certificat de la Direction, était de ne pas habiter un quartier populeux.

contraire la démonstration mathématique d'un fait que j'ai avancé, et vient confirmer tout ce que j'ai dit sur l'importance et la nécessité d'une surveillance active des nourrices et des nourrissons. A Nogent, les nourrices du grand bureau étaient beaucoup plus nombreuses que dans les autres communes de l'arrondissement. Les médecins ayant toute autorité sur leurs nourrissons, ces nouveau-nés étaient soignés d'une manière plus intelligente que leurs propres enfants. Les nourrices des petits bureaux elles-mêmes, surveillées malgré elles par l'opinion publique, près de l'autorité, soignaient en général mieux leurs nourrissons. Enfin, il faut bien reconnaître, quoique ce soit triste à dire, que l'industrie des nourrissons est, dans beaucoup de cas, fatale aux enfants des nourrices, pour lesquels le sevrage prématuré est souvent une cause de mort.

Si nous examinons, à l'aide des mêmes tableaux, ce qui se passe dans les communes éloignées de l'arrondissement qui sont particulièrement exploitées par les meneurs des petits bureaux, les chiffres que nous avons cités tout à l'heure, comparés aux chiffres des naissances et des décès dans ces mêmes communes, vont nous donner de nouveaux enseignements. Je me bornerai à quelques exemples.

Dans la commune de La Bazoche (Authon), sur 118 naissances qui ont eu lieu pendant les deux années 1858 et 1859, il y a eu 17 décès d'enfants morts au dessous de deux ans, soit un sixième. Pendant ces deux années, il est mort presque le quart des nourrissons.

Dans les communes de Combres, de Montigny, de Frazé (Thiron), il n'est mort avant l'âge de deux ans que le neuvième, le quart, le tiers des enfants nés dans ces communes. Il est mort dans le même laps de temps plus de la moitié, la totalité même des nourrissons.

La mortalité exagérée des nourrissons dans ces communes ne tient donc nullement à des causes hygiéniques locales; elle est due uniquement au défaut de soins et au manque de surveillance.

Le lecteur remarquera qu'il existe un certain nombre de communes rurales dans lesquelles la mortalité des enfants nés dans la commune et morts avant l'âge de deux ans est considérable. Ce fait s'observe surtout dans les communes pauvres éloignées du chef-lieu, toujours exploitées par les meneurs des petits bureaux. La mortalité de ces nouveau-nés tient à l'habitude déplorable qu'ont les femmes de ces localités d'aller chercher des nourrissons aux petits bureaux *dès les premières semaines* qui suivent leur accouchement. Leurs enfants, sevrés prématurément, confiés pendant leur absence à des femmes âgées ou à des voisines qui les soignent très mal, meurent en quelques jours ou contractent des maladies qui les emportent en quelques semaines.

Tout maire consciencieux devrait, en semblable circonstance, s'abstenir de donner des certificats à ces femmes. Je me rappellerai toujours une jeune femme habitant une commune éloignée de Nogent, qui vint un jour à ma contre-visite de départ pour se rendre à la Direction. Elle était accouchée depuis douze jours seulement. Je la refusai et déchirai le certificat que lui avait donné, probablement par erreur, le médecin de son canton. Cette femme m'annonça qu'elle irait aux petits bureaux. On était en hiver, et le froid était très rigoureux. Je cherchai à lui faire comprendre le danger auquel elle s'exposait : tout fut inutile. Elle partit le lendemain *avec un certificat du maire de sa commune, dans lequel son lait était vieilli.* Huit jours après, de retour chez elle, cette nourrice mourut, ainsi que son nourrisson, des suites de son imprudence. Combien de maires, dans les communes rurales, ont des morts semblables à se reprocher !

Le peu d'attention que l'on a donné jusqu'à ce jour à la

mortalité des nourrissons de Paris dans certains départements a occasionné bien des erreurs dans un grand nombre de statistiques départementales. Quelques-unes de ces erreurs se trouvent, je le sais, corrigées de fait dans la statistique générale de la France; mais elles n'en subsistent pas moins dans les statistiques partielles, et elles ont là, pour la science et pour l'hygiène publique, des conséquences regrettables. Ce sont ces décès étrangers à la population que le Dr Bertillon a relevés dans la statistique générale de certains départements, sans pouvoir toutefois en préciser exactement le chiffre, et qu'il a porté approximativement à 6,000. On peut voir maintenant combien ce savant confrère est resté au dessous de la vérité. J'ai déjà parlé des erreurs que l'Annuaire d'Eure-et-Loir avait pendant longtemps commises à cet égard. Cet Annuaire en commet chaque année encore de très graves dans les documents officiels qu'il fournit à l'administration sur le mouvement annuel de la population du département. Il doit évidemment en être de même dans tous les départements dans lesquels s'exerce l'industrie des nourrissons.

En voici un exemple remarquable :

Le nombre des décès constatés officiellement dans le canton de Nogent-le-Rotrou a été :

Pour l'année 1858, de 412
Pour l'année 1859, de 478

Ces chiffres, pris d'une manière absolue, sont vrais; mais ils ne sont pas exacts. On doit, en effet, faire attention que pendant l'année 1858, il y a eu dans le canton de Nogent 69 décès de nourrissons de Paris, et que pendant l'année 1859, il y en a eu 110. Il faut donc, pour avoir la mortalité réelle du canton, retrancher du nombre général des décès les décès des nourrissons, sans quoi on se tromperait grossièrement.

Par conséquent, le nombre des décès dans le canton de Nogent a été :

Pour l'année 1858, de 343, au lieu de 412
Pour l'année 1859, de 368, au lieu de 478

C'est cette erreur que commet l'Annuaire, lorsqu'il donne comme représentant la mortalité dans l'arrondissement de Nogent-le-Rotrou, pendant les années 1858 et 1859, les chiffres suivants :

1858..... 1,452 décès
1859..... 1,678 décès

Pendant l'année 1858, il est mort dans l'arrondissement 385 nourrissons de Paris; pendant l'année 1859, il en est mort 501.

Pour avoir la mortalité réelle de l'arrondissement, il faut des premiers nombres déduire les seconds, qui représentent des décès d'enfants étrangers à l'arrondissement.

Les véritables chiffres représentant les décès de l'arrondissement de Nogent sont donc :

1858..... 1,067 décès, au lieu de 1,452
1859..... 1,177 décès, au lieu de 1,678

Je n'ai pas besoin d'ajouter que la même faute se commet tous les ans.

C'est surtout lorsque l'on établit le rapport des décès aux naissances dans les différentes communes du département, que l'on s'expose à commettre de graves erreurs si l'on ne tient pas compte du grand nombre de nourrissons de Paris qui meurent dans ces communes.

Cherchons, en effet, d'après les chiffres officiels, quel a été, pendant les deux années 1858 et 1859, le rapport des décès aux naissances dans la commune de Coudreceau (canton de Thiron).

D'après la statistique du département d'Eure-et-Loir, il y a eu dans cette commune :

En 1858..... 21 naissances et 44 décès;
En 1859..... 26 naissances et 52 décès.

Tels sont les chiffres que la statistique constate, et que, dans son inflexible exactitude, elle inscrit partout.

Un résultat analogue se reproduisant tous les ans, on devrait nécessairement conclure de cette excessive mortalité que la commune de Coudreceau sera dépeuplée avant longtemps, et que, pour un motif quelconque, son insalubrité est remarquable. Cette petite commune, au contraire, est relativement très peuplée, et ne laisse rien à désirer sous le double rapport de l'hygiène et de la salubrité. Voilà donc une double erreur, entièrement due aux chiffres de la statistique départementale.

Retranchons du nombre des décès officiellement constatés les décès des nourrissons de Paris morts dans la commune de Coudreceau, et nous trouvons que les décès de cette commune se réduisent :

Pour l'année 1858, à 28 décès;
Pour l'année 1859, à 29 décès,

ce qui est bien différent. Il serait facile de faire le même raisonnement pour toutes les communes de l'arrondissement.

Lorsque l'on veut connaître d'une manière exacte le rapport qui existe entre les décès pour un âge donné dans deux localités, il faut faire ce que l'on appelle la table de mortalité de ces deux localités, c'est à dire qu'il faut savoir ce qu'il meurt dans chacune de ces deux localités de personnes de cet âge.

Je suppose, par exemple, que l'on veuille comparer, pour les deux années 1858 et 1859, la mortalité des enfants âgés de moins de deux ans dans la commune de Coudreceau, avec cette même mortalité observée dans une autre commune de France. On fera d'abord le relevé des décès des enfants morts âgés de moins de deux ans dans la commune de Coudreceau pendant ces deux années, et on trouvera les chiffres suivants :

1858..... 21 naissances, 24 décès d'enfants morts au dessous de 2 ans;
1859..... 26 naissances, 34 décès d'enfants morts au dessous de 2 ans.

Si pour dresser la table de mortalité des enfants âgés de moins de deux ans propre à la commune de Coudreceau, on prenait ces chiffres officiels, et si on les comparait à ceux que fournirait une commune dans laquelle il n'y aurait pas de nourrissons, on en concluerait nécessairement que pour des raisons inhérentes à la localité, presque tous les enfants meurent dans la commune de Coudreceau avant l'âge de deux ans, conséquence essentiellement fausse.

Pour avoir des termes de comparaison exacts, il faut des 24 décès de l'année 1858, retrancher les 16 décès de nourrissons morts au dessous de deux ans dans la commune de Coudreceau, et des 34 décès de l'année 1859, retrancher également 23 décès de nourrissons morts dans l'année.

Cette double soustraction réduit les décès des enfants morts avant l'âge de deux ans dans la commune de Coudreceau à leurs véritables chiffres, qui sont :

1858..... 8 décès;
1859..... 11 décès.

La table de mortalité dressée avec ces nouveaux chiffres sera, on le voit, bien différente et sera seule exacte.

Si, au lieu de considérer une simple commune, on considère l'arrondissement tout entier, l'erreur commise sera bien plus sensible.

On voit, par les tableaux que j'ai donnés, que pendant les deux années 1858 et 1859, il y a eu dans l'arrondissement de Nogent 2,163 naissances et 496 décès d'enfants morts au dessous de deux ans. Si l'on consulte la statistique dressée par la préfecture d'Eure-et-Loir, on trouve que sur 2,163 naissances, il y a eu 1,362 décès d'enfants morts avant l'âge de deux ans. L'erreur vient de ce que l'administration a compté indûment 866 décès de nourrissons nés hors du département et étrangers au département.

Il est inutile d'insister sur les conséquences fâcheuses qui résultent en statistique d'erreurs aussi graves.

Examinons maintenant quelle influence exerce sur la statistique mortuaire du département d'Eure-et-Loir, la mortalité des nourrissons observée dans le seul arrondissement de Nogent-le-Rotrou. Cette étude nous permettra de pressentir, d'une manière approximative du moins, ce qui doit se passer dans les départements dont tous les arrondissements se livrent à cette industrie. Pour cela, je copierai textuellement l'Annuaire d'Eure-et-Loir de 1851. Dans ces lignes écrites par l'administration, dans ces chiffres puisés dans ses propres statistiques, je trouverai la démonstration d'un fait que j'affirmais tout à l'heure, savoir : *que la mortalité des nourrissons, dans l'arrondissement de Nogent-le-Rotrou, surpasse de beaucoup la mortalité que déterminent chez les enfants les épidémies les plus meurtrières.*

« Deux épidémies, dit cet Annuaire, ont sévi en 1859 » dans les arrondissements de Chartres et de Châteaudun : » l'une de dyssenterie, l'autre d'angine couenneuse. Elles » ont paru sur plusieurs points simultanément, sur d'au- » tres à tour de rôle, avec une persistance et une inten- » sité qui ont résisté longtemps à tous les moyens de mé- » dication. On a compté de nombreuses victimes, *surtout* » *parmi les enfants.*

» Dreux et *Nogent-le-Rotrou ont été préservés; aucune* » *maladie n'a été constatée dans ces deux arrondissements* » *sous forme épidémique*... Chartres et Châteaudun, si » cruellement éprouvés par les maladies, n'ont pas cou- » vert leurs propres pertes. Il devait s'ensuivre un excé- » dant de décès sur les naissances dans le mouvement de » la population du département. C'est la situation fâcheuse » que font ressortir les calculs établis ci-après :

TABLEAU STATISTIQUE *du département d'Eure-et-Loir.*

Mouvement de la population pour l'année 1859.

ARRONDISSEMENTS.	POPULATION.	NAISSANCES.	DÉCÈS.	EXCÉDANT des décès.
Chartres...........	111,957	2,870	3,454	584
Châteaudun........	64,980	1,852	2,189	337
Dreux.............	69,323	1,380	1,727	347
Nogent-le-Rotrou...	44,814	1,103	1,611	508
TOTAL.........	291,074	7,205	8,981	1,776

L'inspection de ce tableau démontre que l'arrondissement de Nogent-le-Rotrou, si inférieur aux trois autres arrondissements sous le rapport de la population, a, sous le rapport de la mortalité, une triste supériorité sur eux. En effet, malgré les deux épidémies qui ont sévi dans les arrondissements de Chartres et de Châteaudun, malgré la faiblesse relative de sa population, l'arrondissement de Nogent, grâce à ses nourrissons, présente dans le nombre de ses décès, comparé à ceux des autres arrondissements, un excédant considérable. Ainsi, la mortalité dans l'arrondissement de Nogent, le moins peuplé de tous, a été, pendant l'année 1859, beaucoup plus grande que la mortalité déterminée dans les arrondissements de Chartres et de Châteaudun par deux graves épidémies. Le nombre *508,* qui représente l'excédant des décès sur les naissances pour l'arrondissement de Nogent, diffère à peine du nombre 584, qui représente cet excédant pour l'arrondissement de Chartres, lequel offre une *population plus que double.* Or, d'après la loi des proportions, et en tenant compte de la différence de population, l'influence épidémique étant supposée la même dans les arrondissements de Chartres et de Nogent, ce nombre devrait être pour Nogent de 234 seulement. La différence entre ces deux nombres 274 ou 2,74 est donc l'expression mathématique de l'excédant de la mortalité des nourrissons comparée à la mortalité déterminée par une épidémie grave.

Qu'il y ait des épidémies ou qu'il n'y en ait pas dans le département d'Eure-et-Loir, l'arrondissement de Nogent-le-Rotrou, par le motif que nous venons d'énoncer, conserve toujours sur les trois autres arrondissements une triste et déplorable supériorité dans sa mortalité.

Voici, en effet, d'après l'Annuaire d'Eure-et-Loir, quelle a été, pendant les deux années 1858 et 1859, la moyenne de la mortalité des quatre arrondissements du département, calculée sur 100 habitants :

MOYENNE *de la mortalité du département d'Eure-et-Loir, calculée par 100 habitants, pendant les années 1858 et 1859.*

ARRONDISSEMENTS.	MOYENNE de la mortalité	
	1858	1859
Chartres	2,40	3,08
Châteaudun	2,39	3,35
Dreux	2,39	2,50
Nogent-le-Rotrou	3,05	3,59

Il faut démontrer maintenant que cette exagération dans la moyenne de la mortalité qui s'observe toujours dans l'arrondissement de Nogent, est due uniquement à la mortalité des nourrissons de Paris. Ouvrons encore l'Annuaire du département; nous y trouvons la démonstration officielle, irréfutable de ce fait.

« L'arrondissement de Nogent-le-Rotrou, dit cet An- » nuaire (1), si inférieur aux trois autres sous le rapport de » la mortalité, n'a pas eu de maladie épidémique pendant » l'année 1859; les conditions hygiéniques y sont excel- » lentes; sa population toute agricole est disséminée dans

(1) Annuaire du département d'Eure-et-Loir pour 1861, p. 397.

» des hameaux ne réunissant en général qu'un petit » nombre de ménages. La ville de Nogent, la seule » agglomération de l'arrondissement, compte moins de » 7,000 habitants; elle est percée de larges rues, sépa» rées l'une de l'autre par des prairies et des plantations » qui la préservent de toutes les causes d'insalubrité si » fréquentes dans la plupart des villes. Il fallait donc » trouver dans un fait particulier l'explication de l'excé» dant que présente cet arrondissement quant aux chiffres » des décès.

» Les recherches auxquelles l'administration *s'est livrée* » constatent que la mortalité porte surtout sur les enfants » de la première année; *il n'est pas douteux* que l'excé» dant dont *il s'agit est dû* aux nombreux enfants qui sont » placés en nourrice dans l'arrondissement de Nogent par » les bureaux de Paris (1). Ce genre d'industrie est depuis » longtemps en usage dans les ménages pauvres, et il a » constamment donné lieu aux mêmes résultats. Sans » remonter au delà des six dernières années, la mortalité » moyenne (toujours calculée sur 100) des enfants au » dessous d'un an est de *moitié environ plus élevée* dans » l'arrondissement de Nogent que dans les trois autres, » ainsi qu'il suit :

TABLEAU *de la mortalité moyenne des enfants au-dessous d'un an, dans les quatre arrondissements d'Eure-et-Loir, pendant six ans.*

ARRONDISSEMENTS.	1854	1855	1856	1857	1858	1859	MOYENNE générale.
Chartres	30,22	25,23	23,86	22,88	22,43	29,21	25,63
Châteaudun	26,46	30,59	23,46	30,28	28,49	36,40	30,28
Dreux	23,18	27,32	23,17	31,95	24,90	35,21	27,62
Nogent-le-Rotrou	51,67	56,53	47,20	59,06	50,42	43,00	51,33

(1) Ce fait si important, qui aujourd'hui ne paraît pas douteux à l'administration, est resté ignoré d'elle jusqu'en 1856, époque à

10

Or, j'ai démontré, il y a quelques instants, que la mortalité du premier âge dans l'arrondissement de Nogent atteignait les nourrissons de Paris bien plus que les enfants nés dans l'arrondissement même. Est-il difficile avec une telle mortalité, mortalité qui doit évidemment être la même dans d'autres départements, d'atteindre le chiffre de 6,000 décès, regardé comme impossible par le docteur Bouchut? Je ne le pense pas. Il suffit pour cela qu'il y ait en France quatorze arrondissements dans lesquels la mortalité des nourrissons soit aussi grande que dans l'arrondissement de Nogent, et je prouverai plus loin que cet arrondissement est *un de ceux qui offrent la moins grande mortalité parmi les nourrissons.*

On peut remarquer que la moyenne de la mortalité des enfants décédés au dessous d'un an diffère peu dans les trois arrondissements de Chartres, de Châteaudun et de Dreux. Cette moyenne cependant est constamment un peu plus élevée dans celui de Châteaudun. Cela tient évidemment au grand nombre de nourrissons de Paris qui sont placés dans quelques communes de cet arrondissement.

Il est facile de comprendre, après cela, combien seraient erronés les calculs que l'on ferait sur la mortalité des enfants dans l'arrondissement de Nogent, si l'on se servait des moyennes publiées par l'administration, et si l'on ne faisait pas attention que l'exagération de ces moyennes est due entièrement aux décès des nourrissons

laquelle je le lui ai signalé. Depuis, quelques rectifications ont été faites dans l'Annuaire du département. Là se sont arrêtées les améliorations que je réclamais. Malgré dix années écoulées, l'administration ignore encore aujourd'hui ce qui se passe dans certaines communes de l'arrondissement de Châteaudun, qui sont exploitées par les meneurs des petits bureaux. Là encore, il y a des études à faire sur la mortalité du premier âge; là encore, il y a des chiffres à changer dans le mouvement annuel de la population.

de Paris. Combien donc doivent se trouver fausses et mensongères pour le département d'Eure-et-Loir, pour l'arrondissement de Nogent-le-Rotrou surtout, les tables de mortalité du premier âge dressées avec les chiffres de la statistique départementale! En voici un exemple que j'emprunte aux Annuaires d'Eure-et-Loir pour les années 1859, — 1861, — 1862. Je laisse parler la statistique officielle.

Il y a eu pendant l'année 1857, dans le département d'Eure-et-Loir, 7,091 naissances, sur lesquelles on a compté 2,250 décès d'enfants morts au dessous d'un an. Ces décès se décomposent de la sorte : population urbaine, 223; population rurale, 2,027.

Il n'y a donc eu à la fin de l'année, sur ces 7,091 naissances, que 4,841 survivants, ce qui donne, pour 1,000 nouveau-nés, 682 survivants à la fin de la première année.

Pendant l'année 1859 on a compté, dans le département, 7,205 naissances et 3,011 décès d'enfants morts au dessous d'un an. (Population urbaine, 264; population rurale, 2,747.)

Il n'y a donc eu à la fin de l'année, sur 7,205 naissances, que 4,194 survivants, ce qui donne, pour 1,000 nouveau-nés, 582 survivants à la fin de la première année.

Il y a eu dans le département, pendant l'année 1860, 6,826 naissances et 1,626 décès d'enfants morts au dessous d'un an. (Population urbaine, 170; population rurale, 1,456.)

Il n'y a donc eu, à la fin de l'année, sur 6,826 naissances, que 5,200 survivants, ce qui donne, pour 1,000 nouveau-nés, 761 survivants à la fin de la première année.

Ainsi, d'après la statistique officielle, pendant trois années prises au hasard, 1859, — 1861, — 1862, le département d'Eure-et-Loir, sur 1,000 nouveau-nés, n'a conservé, à la fin de chacune de ces années, que 682, — 582, — 761 survivants, tandis que d'après les tables de Heuschling, il aurait dû en conserver 840, comme les autres départements de la France.

Il y a là une erreur énorme, et je suis surpris que personne ne s'en soit aperçu. Que l'on retranche, en effet, des nombres 2,250, — 3,011, — 1,626, qui expriment pour les années 1859, — 1861, — 1862 les décès des enfants morts au dessous d'un an dans le département d'Eure-et-Loir, *enfants que l'on considère à tort comme étant tous nés dans le département;* que l'on retranche, dis-je, de ces nombres les décès des nourrissons de Paris, c'est alors seulement que l'on aura des chiffres qui seront l'expression de la vérité. Malheureusement, au moment où j'écris ces lignes, personne n'est capable de faire cette soustraction. Il n'y a pas en France un administrateur, il n'y a pas un statisticien qui puisse aujourd'hui dire combien il meurt de nourrissons de Paris dans le département d'Eure-et-Loir. Lorsqu'il sera possible de faire cette soustraction, le département d'Eure-et-Loir, injustement calomnié jusqu'à ce jour par les statisticiens, rentrera dans les conditions normales de mortalité des autres départements.

En présence de cette erreur administrative qui se commet régulièrement tous les ans, il est permis de se demander quelle opinion doivent avoir de la vie probable des nouveau-nés du département d'Eure-et-Loir les économistes qui lisent les statistiques départementales de la France. Il est permis également de se demander ce que doit penser de la salubrité de ce département l'administration supérieure, lorsqu'elle lit dans les relevés officiels qu'on lui envoie, que dans le département d'Eure-et-Loir, sur 1,000 nouveau-nés, il n'y a que 582 survivants à la fin de la première année, et que dans l'arrondissement de

Nogent-le-Rotrou, sur 100 enfants qui naissent, il en meurt 51 avant l'âge d'un an.

Malheureusement pour l'humanité, l'erreur que je signale ici ne porte que sur l'origine des enfants décédés. Le tableau dressé par l'administration conserve toute son exactitude et prouve que dans l'arrondissement de Nogent-le-Rotrou, les enfants âgés de moins d'un an, les nourrissons principalement, meurent dans l'effroyable proportion de 0,51. En présence d'une telle mortalité qui, dans notre société moderne, n'a, je crois, aucun terme de comparaison, l'autorité demeure inerte et silencieuse. Si l'administration de la guerre perdait dans la cavalerie 51 chevaux sur 100, elle ne resterait certainement pas impassible. Elle enverrait des inspecteurs, convoquerait les commissions hippiques et prendrait assurément de promptes et d'efficaces mesures pour qu'un semblable désastre ne se renouvelât pas. Les nourrissons, hélas! succombent par centaines, par milliers, personne ne s'en occupe.

Est-il croyable, au dix-neuvième siècle, qu'une administration départementale du centre de la France puisse, sans se préoccuper d'un état de choses aussi grave, sans en rechercher la cause, constater froidement que dans un de ses arrondissements, la mortalité moyenne des enfants au dessous d'un an est, en dehors de toute épidémie, de 0,51, au lieu de 0,16 comme cela devrait être? Par une amère et cruelle ironie, cette administration si insoucieuse de la vie des nouveau-nés, cette administration qui est incapable de dire combien il meurt de nourrissons dans son département, fait dresser tous les ans des tableaux statistiques destinés à apprendre aux économistes combien il meurt de chevaux, de bœufs, de moutons dans ce même département. Je cite au hasard le tableau qui a été dressé pour l'année 1857; je l'emprunte à l'Annuaire de 1859.

ARRONDISSEMENTS.	PERTES ÉPROUVÉES PAR LA RACE						Montant des pertes subies par d'autres races.	VALEUR totale des pertes.
	chevaline.		bovine.		ovine.			
	Nombre de têtes.	Montant de la perte.	Nombre de têtes.	Montant de la perte.	Nombre de têtes.	Montant de la perte.		
Chartres......	515	290,675	2,010	391,800	29,763	740,664	34,906	1,453,045
Châteaudun...	424	219,775	1,120	198,077	24,622	603,563	34,352	1,055,767
Dreux........	33	16,900	143	29,766	2,084	49,750	745	97,161
Nogent-le-Rotrou.	62	26,610	170	20,637	2,118	38,670	4,006	89,923
TOTAUX..	1,034	553,960	3,443	640,280	58,592	1,432,647	74,009	2,700,896

Qu'il est regrettable que l'administration ne songe pas à faire faire de semblables tableaux pour les milliers de nourrissons que reçoit chaque année le département d'Eure-et-Loir; on saurait au moins combien il en succombe. On s'occupe avec passion des chevaux et des autres animaux, et l'on pense qu'il y aura toujours assez d'enfants. Les immorales et irréligieuses doctrines de Malthus vont-elles donc prévaloir dans notre beau pays de France?

La mortalité des enfants assistés de Paris, qui est à peu de chose près la même (0,55), préoccupe autrement l'éminent directeur de l'assistance publique. Écoutons, en effet, M. Husson ([1]), nous verrons avec quelle attention, quelle sollicitude il recherche les causes de la mortalité qui règne parmi ces enfants. « Il faut reconnaître, dit » M. Husson, que la mort frappe les enfants assistés dans » une proportion que n'expliquent pas suffisamment les » mauvaises conditions dans lesquelles ils se trouvent au » moment de leur dépôt à l'hospice. Les soins dont ils » sont l'objet après leur réception, les facilités que » présentent les chemins de fer pour leur transport à la

([1]) *Rapport sur le service des enfants assistés du département de la Seine pendant l'année 1860.* — Paris; in-4°, p. 7 et *passim.*

» campagne, la surveillance qu'exercent les sous-inspec-
» teurs et les médecins, les améliorations nombreuses
» introduites depuis quelques années dans le service,
» n'ont pas eu sur la diminution de la mortalité l'influence
» qu'on pouvait en espérer. »

» On sait que l'administration concourt chaque année,
» par l'intermédiaire de la Direction municipale des nour-
» rices, au placement d'un certain nombre d'enfants ap-
» partenant aux classes les moins élevées de la capitale;
» elle possède donc à ce titre des documents qui lui per-
» mettent de se rendre un compte à peu près exact de la
» différence qui existe, au point de vue de la mortalité,
» entre les enfants assistés élevés à l'hospice et les enfants
» assistés envoyés en nourrice à la campagne. Or, pendant
» que la mortalité moyenne des premiers est de 0,63, la
» mortalité moyenne des seconds est de 0,55. »

Il était curieux de comparer la mortalité des enfants assistés envoyés ainsi en nourrice par l'intermédiaire de la Direction municipale, avec la mortalité des nouveau-nés appartenant aux autres classes de la société, également envoyés en nourrice par la Direction. D'après des relevés établis sur l'observation de vingt années consécutives, la moyenne de la mortalité des nourrissons placés par la Direction n'est que de 0,29.

« Cette énorme différence, fait observer M. Husson, a
» probablement pour causes la faiblesse ou l'état maladif
» de la plupart des enfants au moment de l'abandon, leur
» *réunion* dans une crèche, la nécessité de *les allaiter*
» *artificiellement* pendant un jour ou deux, *leur vacci-*
» *nation* pendant le séjour de la mère à l'hôpital où elle a
» fait ses couches, enfin la longueur du voyage que les
» nourrices doivent faire pour retourner au lieu de leur
» domicile. »

M. Husson a parfaitement spécifié les causes qui influent sur la mortalité des enfants assistés envoyés en nourrice;

mais avec un sentiment de modestie qui l'honore, et afin de lever tous les doutes à cet égard, le directeur de l'assistance publique a confié à une commission le soin d'étudier cette grave question.

Les causes que j'ai soulignées me paraissent être les seules qui aient une influence réelle sur la mortalité exagérée des enfants assistés. Je ne reviendrai pas sur ce que j'ai dit, chapitre Ier, des dangers que font courir à ces enfants l'allaitement artificiel, l'agglomération, la vaccination prématurée auxquels on les soumet. Ces mesures sont à mes yeux, pour ces nouveau-nés, *autant de mesures homicides qui devraient être formellement interdites dans leur hygiène.*

La longueur du trajet en chemin de fer ne présenterait aucun inconvénient si ces enfants ne voyageaient pas en troisièmes, *où ils ont toujours froid.* Afin de parer à cet inconvénient, M. Husson a eu le soin de faire confectionner un certain nombre de manteaux, qui sont mis à la disposition des nourrices au moment de leur départ, et dans lesquels elles doivent envelopper les enfants. Tout en rendant justice aux intentions excellentes du directeur de l'assistance publique, je suis obligé de reconnaître que ce moyen est tout à fait insuffisant. Les nouveau-nés ne développent pas par eux-mêmes assez de chaleur pour se réchauffer en troisièmes, même avec un manteau, pendant un trajet qui dure toujours plusieurs heures (1).

(1) Pendant tout le temps qu'a duré mon service de la Direction, les convois de nourrices partaient de Nogent, même en hiver, à six heures du soir, et arrivaient à Paris à onze heures et demie. De la gare, il fallait encore se rendre en omnibus à la Direction, rue Sainte-Appoline. Il était difficile, on le voit, de faire voyager des nourrices et des nourrissons dans de plus mauvaises conditions hygiéniques. Malgré toutes mes réclamations à cet égard, je n'ai jamais pu obtenir de MM. les inspecteurs qu'il fût apporté la moindre modification à un ordre de service aussi nuisible à la santé des femmes qu'à celle des enfants.

J'ai vu très souvent, pendant des hivers rigoureux et alors qu'il tombait beaucoup de neige, des nourrissons arriver dans mon service atteints de sclérème. Cette maladie, qui ne reconnaissait d'autre cause que le froid que ces malheureux enfants avaient éprouvé en chemin de fer, les emportait en quelques jours, souvent même en quelques heures. Après de semblables accidents, *qu'il serait si facile d'éviter*, il devrait être interdit, l'hiver, de faire voyager des nourrissons dans des compartiments non chauffés. N'est-il pas triste, en effet, pour l'humanité de voir dans un même train des chevaux et des nourrissons qui voyagent ensemble, les premiers commodément installés dans de confortables écuries, les seconds transis, grelottants sur des bancs de bois, et contractant là des maladies mortelles? Si, malgré les soins luxueux dont on les entoure, des chevaux sont blessés, les Compagnies paient des sommes énormes. Si, en l'absence de tous soins protecteurs, des nourrissons meurent de froid, on les enterre, et tout est dit. Une stricte économie pour tout ce qui est utile, une fausse et apparente philanthropie envahissent aujourd'hui tous les rangs de la société. Tout le monde connaît ce mot célèbre d'un administrateur : « Les enfants trouvés coûtent plus cher que les grandes routes. » Partout les animaux passent avant les nourrissons, partout on oublie ces belles paroles du Christ, qui devraient se lire en lettres d'or à l'entrée de tous les asiles consacrés à l'enfance : « *Sinite parvulos venire ad me, et ne prohibueritis eos.* »

Les chiffres, les tableaux statistiques que j'ai donnés, les déductions rigoureuses que j'en ai tirées, prouvent combien la mortalité des nourrissons est grande dans l'arrondissement de Nogent-le-Rotrou. Cette mortalité reconnaît deux causes : le manque de soins et le défaut de surveillance. J'ai signalé les erreurs auxquelles les décès de ces enfants donnent lieu chaque jour dans la statistique partielle ou générale du département d'Eure-et-Loir. Ces erreurs, que personne encore n'a relevées, se reproduisent d'une manière identique dans tous les départements où s'exerce l'industrie, et de là passent inaperçues dans la statistique générale de la France.

Si maintenant nous examinons quelle est dans l'arrondissement de Nogent-le-Rotrou la mortalité considérée séparément dans chaque classe de nourrissons, nous trouvons des chiffres qui ont, au point de vue de la morale publique, une signification très grande.

Chez les nourrissons envoyés par la Direction générale, nourrissons *parfaitement surveillés*, la mortalité est de 0,17. C'est à un centième près le chiffre normal de la mortalité des nouveau-nés en France pendant leur première année d'âge.

Chez les nourrissons envoyés par les bureaux particuliers de Paris, qui se trouvent dans les mêmes conditions générales que les précédents, mais qui *ne sont nullement surveillés*, la mortalité est de 0,42.

Chez les enfants assistés de Paris qui sont envoyés en nourrice par la Direction générale, et qui se trouvent dans les mêmes conditions de soins et de surveillance que les autres nourrissons de la Direction, mais qui, pour des raisons que j'ai fait connaître ailleurs, sont presque toujours malades au moment où ils arrivent chez leurs nourrices, la mortalité est de 0,55.

Chez les enfants trouvés du département d'Eure-et-Loir, qui sont, comme cela se pratique dans beaucoup de départements, élevés au biberon et réunis en nombre plus ou moins grand chez une même nourrice, la mortalité varie de 0,60 à 0,75.

Ainsi, chez des nouveau-nés, qui ont tous des droits égaux à l'existence et qui tous, par conséquent, devraient avoir des chances égales de vie et de mort, la mortalité varie, *en raison des soins et de la nourriture qu'on leur accorde*, de 0,17 à 0,75. Il y a là quelque chose qui révolte la conscience; cependant, devant un tel fait, la société demeure impassible. Oh! que nous sommes loin des traditions de saint Vincent de Paul, et que l'ombre de Malthus doit tressaillir d'aise dans sa tombe!

J'ai hâte d'ajouter, afin de bien édifier le lecteur, que de tous les arrondissements qui se livrent à cette industrie, l'arrondissement de Nogent-le-Rotrou *est un de ceux qui offrent le moins de mortalité parmi ces enfants*. *Ab uno disce omnes!*

Je trouve la preuve de ce fait, relativement aux nourrissons de la Direction, dans un document que j'emprunte au docteur Béclard. C'est le tableau de la mortalité qui a régné pendant l'année 1851 dans les différents services de la Direction. Cette mortalité a été calculée sur 100 enfants (1).

DIRECTION MUNICIPALE OU GÉNÉRALE DES NOURRICES.

Mortalité de 1851, calculée sur 100.

Château-Thierry (Aisne)	0,23	Montargis (Loiret)	0,20
Dreux (Eure-et-Loir)	0,22	Mortagne (Orne)	0,14
Épernay (Marne)	0,23	Nogent-le-Rotrou (Eure-et-Loir)	0,13
Évreux (Eure)	0,21	Sens (Yonne)	0,15
Joigny (Yonne)	0,18	Soissons (Aisne)	0,15
Laon (Aisne)	0,18	Troyes (Aube)	0,13

Quant aux nourrissons des bureaux particuliers, je n'ai qu'à rappeler les lettres que m'ont adressées les docteurs Raimbert, de Châteaudun, Gallopin, d'Illiers, Jousset, de Bellême (Orne), Monot, de la Nièvre, dans lesquelles ces honorables confrères me disent, les uns que la mortalité des nourrissons est *horrible, effrayante;* les autres, que la mortalité est presque générale. Je n'ai qu'à citer une lettre du docteur Pitois, professeur à l'École de médecine de Rennes, dans laquelle ce praticien raconte ce qui se

(1) Béclard, *Hygiène de la première enfance.* — Labé, Paris 1852, p. 52.

passé dans quelques contrées de la Bretagne. « Quatre » fois sur cinq, dit-il, l'enfant meurt. Nous avons vu chez » une nourrice 19 décès sur 21 enfants, et ceux qui » restent, Dieu sait quelles misères et quelles souffrances » ils ont à traverser pour arriver à l'âge de deux ou trois » ans [1]. » Que l'on ajoute à ce tableau déjà si navrant le récit de ce qui se passe aux environs de Lyon, de Bordeaux, et le lecteur pourra juger du chiffre *incompréhensible dans une nation civilisée,* que doit atteindre la mortalité des nourrissons dans toute la France.

Quelques personnes trouveront peut-être que les relevés que j'ai faits ne portent pas sur un espace de temps assez long, et diront, avec une certaine apparence de raison, qu'au lieu de prendre au hasard deux années seulement, j'aurais dû prendre une série de dix, quinze, vingt années consécutives. Je ne me dissimule nullement la gravité de cette objection. Comme ces personnes, j'aurais moi-même vivement désiré que les circonstances m'eussent permis d'agir sur un nombre d'années beaucoup plus grand. Mais lorsque des recherches de cette nature concernent 54 communes et une moyenne annuelle de 1,200 nourrissons, elles demandent tant de temps, qu'il m'a été, je l'avoue, impossible de les concilier avec les exigences de ma position.

Une considération cependant diminue un peu les regrets que j'éprouve à cet égard; c'est la conviction profonde dans laquelle je suis, que pour les nourrissons *toutes les années se ressemblent beaucoup.* Pendant dix-huit ans, l'existence des nourrissons placés dans l'arrondissement de Nogent, la mortalité de ces enfants, les soins qu'ils recevaient m'ont été parfaitement connus, tant à cause du service de la Direction dont j'étais chargé, qu'à cause de mes fonctions de médecin des épidémies et de secrétaire

(1) *Bulletin de la Société protectrice de l'enfance.* — Paris 1865, p. 23.

du conseil d'hygiène de l'arrondissement. Je me suis donc trouvé, si je puis m'exprimer ainsi, complétement initié pendant dix-huit années consécutives à la vie intime des petits Parisiens, à leurs misères, à leurs souffrances. Or, je crois pouvoir affirmer que la moyenne de la mortalité de ces enfants, fournie par l'observation partielle de deux années *prises au hasard*, est, à peu de chose près, la même que celle qui serait donnée par l'observation méthodique d'un plus grand nombre d'années. Le tableau ci-dessus est la preuve mathématique de cette assertion. D'après ce tableau, dû à M. Husson lui-même, la mortalité des nourrissons de la Direction, dans l'arrondissement de Nogent, a été en 1851 de 0,18. D'après mes recherches, cette mortalité a été en 1858 et 1859 de 0,17. J'ai donc raison de dire que pour la mortalité des nourrissons toutes les années se ressemblent beaucoup. La différence d'un centième qui existe entre ces deux nombres est d'autant moindre en réalité, que, depuis l'année 1851, la garantie que la Direction accorde aux nourrices a été portée de 10 à 12 francs, et qu'il en est résulté une certaine amélioration dans le bien-être des nourrissons. La similitude de ces deux nombres suffit, je pense, pour démontrer l'exactitude de tous ceux que j'ai donnés.

Si l'administration d'ailleurs conserve quelques doutes à cet égard, qu'elle fasse faire sur les registres de l'État civil de tous les départements où se pratique l'industrie des nourrissons une statistique exacte, complète, *mais véridique*, des décès des nourrissons de Paris pendant les vingt dernières années. Elle verra si mon appréciation est exacte, et si pendant ces vingt années il n'est pas mort en France, et aux *environs de Paris seulement, plus de 300,000 nourrissons*. Si je me suis trompé dans mon appréciation, si j'ai exagéré la vérité, je serai le premier à reconnaître mon erreur, le premier à me réjouir d'un fait qui rassurera bien des familles, et qui sera consolant tout à la fois pour la morale et pour l'humanité. Mais si je ne me suis pas trompé, et si j'ai dit la vérité, il faut que l'autorité, désormais éclairée, il faut que l'administration, qui seule en France a charge de l'hygiène publique, se hâtent de faire disparaître de notre société civilisée les faits hideux que j'ai révélés.

CHAPITRE V

On devine aisément, après tous les faits que j'ai racontés, quelle est l'influence qu'exerce sur la population des campagnes l'industrie des nourrissons. Quel que soit le point de vue auquel on se place, on peut dire que cette influence est déplorable. Désastreuse sous le rapport physique, elle est plus désastreuse encore sous le rapport moral.

Sous le rapport physique, cette industrie, comme je l'ai déjà fait observer, occasionne la mort d'un grand nombre d'enfants qui succombent à un sevrage prématuré, ou qui meurent victimes des mauvais soins qu'ils reçoivent pendant que leurs mères vont chercher des nourrissons à Paris. Elle détériore avec une rapidité et une activité inouies la constitution des femmes, et donne naissance chez elles à une foule de maladies chroniques ou organiques, dues à l'épuisement qu'occasionne dans leur organisme la durée illimitée de la sécrétion lactée. Il n'est pas rare, en effet, de voir des nourrices élever avec le même lait trois, quatre ou cinq enfants. Ces femmes sont malheureusement aidées dans cette triste spéculation par la complaisance coupable de certains maires, qui *rajeunissent* sans cesse leur lait, sans se douter que cette complaisance peut occasionner la mort d'un ou de plusieurs enfants, et même celle de la nourrice, qui devient quelquefois phthisique après deux ou trois nourritures.

J'ai connu une femme, forte et bien constituée, qui avait eu cinq enfants et en avait nourri vingt-trois, y compris les siens. Cette femme, qui s'était mariée à dix-sept ans, avait trente ans. On lui en aurait donné cinquante-cinq. Ses deux derniers enfants moururent phthisiques, alors que leurs frères et sœurs étaient bien portants. La véritable cause de la phthisie pulmonaire de ces enfants, tout à fait accidentelle dans cette famille, s'est trouvée selon moi dans les qualités peu réparatrices du lait que leur avait donné leur mère, déjà épuisée par de nombreuses nourritures.

Il existe d'autres accidents bien graves, et malheureusement bien fréquents, qui exercent une triste influence non seulement sur la constitution des nourrices, mais encore sur la constitution de toute leur famille. Ce sont les cas de syphilis transmise par les nourrissons aux nourrices. Ces cas sont d'autant plus graves que presque toujours les nourrices sont infectées et ont infecté leur mari, quelquefois même leur enfant, lorsqu'apparaissent chez les nourrissons les symptômes accusateurs d'une syphilis héréditaire ou constitutionnelle.

Sous le rapport moral, le résultat produit est peut-être encore plus désastreux. Le nombre des filles-mères est considérable dans le Perche, et cela est facile à comprendre, puisque la naissance d'un enfant, loin d'être un embarras pour ces filles, est au contraire une circonstance qui leur permet d'améliorer leur position, soit en allant nourrice sur lieu à Paris, soit en prenant un nourrisson chez elles. Les infanticides sont excessivement fréquents dans l'arrondissement de Nogent-le-Rotrou, et hors de toutes proportions avec les autres crimes qui s'y commettent. Il est facile de se rendre compte de ce fait, qui paraît singulier au premier abord. J'ai dit ailleurs que le grand nombre de nourrissons qui sont placés chaque année dans les campagnes, la facilité avec laquelle les nourrices remplacent les nourrissons qui meurent, l'impunité qui protége presque tous les crimes concernant ces enfants, habituaient le peuple des campagnes à considérer le petit Parisien comme un être à l'existence duquel la société n'attache pas une grande importance. Est-il étonnant, après cela, qu'une fille qui a vu dispraître, chez sa mère ou chez ses voisines, un grand nombre de *petits Parisiens,* sans que jamais on se soit préoccupé de ce qu'ils étaient devenus, fasse disparaître à son tour un nouveau-né qui la gêne? Elle pense évidemment que la société ne s'en préoccupera pas davantage. L'opinion que j'émets ici est tellement vraie, que les infanticides se commettent presque toujours dans les communes pauvres éloignées du chef-lieu de l'arrondissement; dans ces communes, en un mot, dans lesquelles il existe un nombre considérable de nourrissons des petits bureaux, et dans lesquelles, par conséquent, la mortalité parmi ces nouveau-nés est excessive. On dirait que dans ces contrées retirées la stérilité du sol et la faiblesse de la végétation sont dans un rapport constant avec un arrêt de développement ou une diminution du sens moral de leurs habitants.

M. Magnitot, préfet de la Nièvre, a, dans un ouvrage remarquable, parfaitement démontré tous les inconvénients qui résultent pour ce département de l'habitude qu'ont les femmes de la campagne d'aller nourrices sur lieu à Paris. Cette coutume occasionne une très grande mortalité parmi les enfants des nourrices, et tend à dépeupler les communes rurales par l'émigration continuelle qu'elle occasionne. Les observations que j'ai faites dans l'arrondissement de Nogent-le-Rotrou confirment entièrement les observations de M. Magnitot. L'industrie des nourrissons, telle qu'elle existe aujourd'hui en France, est donc pour la province une industrie déplorable et désastreuse sous tous les rapports.

La mortalité excessive qui règne parmi ces enfants, l'indifférence avec laquelle le peuple des campagnes les voit succomber, sont les principales causes de cette démoralisation. Il est donc naturel de se demander comment on pourrait diminuer la mortalité des nourrissons, aujourd'hui encore à peine soupçonnée en France.

On a vu dans le chapitre précédent que la mortalité des nourrissons, sans distinction d'origine de ces nouveau-nés, est, dans l'arrondissement de Nogent, de 0,35, tandis que la mortalité des enfants nés dans l'arrondissement est de 0,22.

On a vu d'un autre côté que les nourrissons de la Direction, qui sont parfaitement surveillés, meurent dans la proportion de 0,17, tandis que les nourrissons des bureaux particuliers, qui ne sont nullement surveillés, meurent dans une proportion beaucoup plus grande, 0,42.

Il suit de là, comme je l'ai déjà dit, que la mortalité des nourrissons dans l'arrondissement de Nogent est indépendante de toute cause locale ou épidémique, et qu'elle est en rapport direct et constant avec leur non surveillance. Il n'y aurait donc, pour s'opposer à cette démoralisation des campagnes, qu'à surveiller les nourrissons et à accorder à ces petits êtres une partie de la protection dont nous sommes aujourd'hui si prodigues envers les animaux. Mais, en dehors de cette surveillance, qui devrait s'étendre indistinctement à tous les nouveau-nés de Paris que l'on place à la campagne, il y aurait à prendre quelques mesures spéciales qui s'adresseraient d'une manière particulière à chaque classe de nourrissons.

Ainsi, pour diminuer la mortalité des enfants assistés qui sont placés en nourrice par l'intermédiaire de la Direction, on devrait suivre les inspirations du savant directeur de l'assistance publique, pour lequel ces enfants sont l'objet d'une constante sollicitude.

« L'expérience, dit M. Husson, a démontré que les
» nouveau-nés peuvent souffrir d'un séjour trop prolongé
» à l'hospice ; aussi, dans l'intérêt de leur conservation,

» sont-ils, autant que possible, placés à la campagne dans » les premiers jours qui suivent leur abandon. »

Il faudrait donc que l'on pût abréger les formalités administratives, qui retardent le départ de ces enfants pour la campagne, et qui nécessitent leur agglomération dans les salles malsaines d'un hospice. Il faudrait également que l'on renonçât à la malheureuse habitude que l'on a prise de les vacciner le jour même ou le lendemain de leur naissance; il faudrait surtout, et cette mesure devrait s'étendre à tous les nourrissons, que l'on cessât de faire voyager l'hiver ces malheureux enfants dans des compartiments non chauffés.

Les enfants trouvés forment à eux seuls plus de la moitié du nombre total des enfants assistés (1); et, des quatre catégories d'enfants assistés, c'est celle qui appelle au plus haut degré l'attention. Comparés à la population de la France, ils donnent, pour rapport moyen, 1 enfant sur 493 habitants, ou 2,03 sur 1,000. (*Statistique de la France.* Strasbourg, 1858; gr. in-8°, t. VI, p. 70.)

(1) On distingue parmi les enfants assistés :

1° Les enfants trouvés;

2° Les enfants abandonnés;

3° Les enfants orphelins;

4° Les enfants secourus temporairement.

Cette division des enfants assistés est conforme au décret du 19 janvier 1811 et à l'instruction ministérielle du 8 février 1823, qui classent et définissent ainsi qu'il suit les diverses catégories des enfants assistés :

Les enfants trouvés sont ceux qui, nés de père et de mère inconnus, ont été trouvés exposés dans un lieu quelconque, ou portés dans les hospices destinés à les recevoir.

Les enfants abandonnés sont ceux qui, nés de père et de mère connus, et d'abord élevés par eux ou par d'autres personnes à leur décharge, en sont délaissés, sans qu'on sache ce que les pères et les mères sont devenus, ou sans qu'on puisse recourir à eux.

Quant aux enfants orphelins et aux enfants secourus temporairement, le nom des premiers les définit suffisamment, et les seconds ne sont autres que des enfants de familles indigentes qui reçoivent à domicile des secours distribués par les hospices.

Pour diminuer la mortalité de ces enfants, qui dans certains départements varie, pour les deux premières années d'âge, de 0,50 à 0,75, et qui est peu digne d'une nation civilisée, l'administration n'aurait qu'à renoncer à l'allaitement au biberon, qu'elle emploie généralement pour ces enfants, et à ne plus les réunir en nombre plus ou moins grand chez la même nourrice. Il faudrait également modifier certains services médicaux dont la circonscription est beaucoup trop grande, et dans lesquels un médecin est chargé de soigner des enfants qui demeurent quelquefois à trente ou quarante kilomètres de chez lui. Il y a, en effet, des enfants trouvés qui vivent, sont malades et meurent sans avoir été jamais visités par le médecin chargé de les soigner, ni par l'inspecteur chargé de les surveiller (1); et cependant les uns et les autres font

(1) Je trouve la preuve de cette assertion dans le rapport de la Commission qui fut chargée, en 1861, de faire une enquête générale sur les enfants assistés des quatre-vingt-neuf départements de l'Empire. Cette Commission était présidée par M. le baron de Watteville, inspecteur général des établissements de bienfaisance. Voici les propres expressions du rapport :

« Des tournées presque continuelles peuvent seules mettre l'ins- » pecteur départemental en rapport intime avec ses pupilles. Si » ceux-ci appartiennent encore au premier âge, il faut visiter les » nourrices, les surveiller, s'assurer qu'elles accordent à l'enfant tous » les soins nécessaires. L'habitation est-elle salubre? l'enfant vac- » ciné?

» ..... Dans cinquante-neuf départements, lors de l'enquête, les » règlements locaux imposaient à l'inspecteur *une seule visite annuelle :* » dix-sept règlements en exigeaient *deux*. Dix inspecteurs, moins ré- » guliers dans leurs services, ont déclaré qu'ils *ne visitaient pas chaque* » *année tous leurs pupilles.* » (Rapport de la Commission d'enquête instituée le 10 octobre 1861 par arrêté de Son Excellence le ministre de l'intérieur. — Paris, imprimerie impériale, 1862; in-4°, pp. 120 et 121.

N'est-il pas fâcheux de voir que des enfants dont l'administration s'est chargée, et qui auraient si grand besoin d'être visités souvent, le sont une fois, deux fois par an, ne le sont même pas du tout? Cela n'empêche pas le rapport qui constate de telles choses de se terminer par cette phrase : « La Commission, monsieur le ministre, a trouvé

chaque année des rapports qui figurent dans toutes les statistiques officielles, et qui ne sont, la plupart du temps, que des erreurs scientifiques ou des illusions administratives.

Voici, en effet, ce qu'on lit dans la *Statistique de la France* :

« Les partisans de la suppression des tours ont toujours » invoqué à l'appui de leur opinion la mortalité énorme » des enfants assistés (généralament confondus dans leur » esprit avec les enfants trouvés proprement dits). Nous » nous bornerons ici à faire remarquer que cette mortalité » exceptionnelle n'a jamais été démontrée. Pour qu'elle eût » pu l'être, il eût fallu être en mesure de comparer les » décès des enfants admis aux hospices peu de jours après » leur naissance, et entretenus dans ces établissements » ou par leurs soins, avec ceux de la même classe, c'est à » dire de la classe indigente, élevés chez leurs parents. » Or, ce rapprochement n'a jamais été fait, et les éléments » en manquent complètement ([1]). »

L'auteur optimiste de la *Statistique de la France* a parfaitement raison lorsqu'il dit que l'on manque des éléments nécessaires pour dresser une statistique comparative des décès des enfants trouvés, et des décès des enfants de la classe indigente élevés chez leurs parents. Ce travail n'existe pas. L'administration peut seule le faire, et lorsqu'il s'agit d'enfants trouvés, malheureusement, la question financière domine toujours la question de la morta-

dans l'enquête la justification éclatante de ses convictions. *A ses yeux, la question d'humanité domine tout ce service.* » (Rapport cité, p. 200.) Ce rapport est signé par quatre inspecteurs généraux des établissements de bienfaisance et par le chef du service administratif. Il eût été certainement beaucoup moins louangeur s'il eût été signé par des médecins habitués à voir les enfants trouvés moins bien soignés encore que les petits Parisiens.

([1]) *Statistique de la France*, Strasbourg, 1858; grand in-4°, t. VI, p. 42.

lité. C'est précisément un coin de ce voile funèbre que j'ai cherché à soulever en comparant, d'après les registres de l'État civil de l'arrondissement de Nogent, les décès des enfants nés et élevés dans l'arrondissement, et ceux des enfants nés à Paris et mis en nourrice dans l'arrondissement de Nogent, avec les décès des enfants trouvés nés et élevés dans le département d'Eure-et-Loir. Or, tandis que la mortalité des premiers est de 0,22 et que celle des seconds est de 0,35, la mortalité des enfants trouvés varie, pour les deux premières années, de 0,60 à 0,75. On peut dire, sans être taxé d'inexactitude, qu'il y a là quelque chose d'exceptionnel.

Autrefois, saint Vincent de Paul, prêchant la cause de ces enfants devant un auguste auditoire, s'écriait dans la péroraison d'un sermon que tout le monde connaît : « Or » sus, Mesdames, la charité et la compassion vous ont » fait adopter ces petites créatures pour vos enfants, depuis » que leurs mères selon la nature les ont abandonnées. » Voyez maintenant si vous voulez les abandonner aussi. » Leur vie et leur mort sont entre vos mains. Il est temps » de prononcer leur arrêt. Ils vivront si vous continuez à » en prendre un charitable soin; au contraire, ils périront » infailliblement si vous les délaissez; l'expérience ne » permet pas d'en douter. » « Ils vivront! s'écria l'auditoire transporté, ils vivront! » Et le sort des enfants trouvés fut à jamais assuré.

A ces paroles touchantes de saint Vincent de Paul, que répond aujourd'hui la charité publique, qui partout en France a remplacé la charité privée? « Je me charge de ces enfants, dit-elle; pour eux je dépenserai des sommes énormes (¹); pour eux je construirai des hospices magnifiques; ils seront soignés par les plus habiles médecins; mais je les nourrirai au biberon. Les uns seront à la cam-

(¹) La dépense du service des enfants assistés a été en 1853 de 9,546,818 fr. (*Statistique de la France*. Strasbourg, 1858; t. VI, p. 21.)

pagne, les autres dans de luxueuses infirmeries. La mortalité chez ces enfants variera de 0,50 à 0,75. S'ils tombent malades dans ces palais de la misère, la mort sera pour eux la règle commune, et la guérison une rare exception ([1]). » Que la société fasse moins pour les enfants trouvés, ils s'en trouveront beaucoup mieux. Qu'elle supprime les infirmeries luxueuses, le service médical, la pharmacie, les inspecteurs, et qu'elle donne tout simplement à chacun de ces malheureux enfants une bonne nourrice à la campagne. Il y aura plus de 50 0/0 de diminution dans les dépenses, et encore plus de bénéfices dans les guérisons.

Un moyen bien simple de diminuer la mortalité des nourrissons serait de réprimer et de punir avec sévérité les crimes qui les concernent. Je ne reviendrai pas sur ce que j'ai dit de la nécessité qu'il y aurait, pour cela, à constater et à vérifier les décès de ces enfants. Ce n'est pas seulement au point de vue de l'industrie des nourrissons que la non vérification des décès dans les communes rurales est une chose regrettable ; c'est encore au point de vue de l'humanité, et surtout au point de vue de la morale publique. La vérification des décès dans les campagnes serait d'autant plus nécessaire, qu'un grand nombre de personnes meurent là sans avoir été visitées par un médecin, et que la cause de leur mort est loin d'être toujours naturelle. Que de personnes, en effet, sont censées mourir de pneumonie ou de toute autre maladie aiguë, qui meurent à la suite de coups qu'elles ont reçus ! Que de filles, que de femmes même succombent à des péritonites

([1]) Donné ; *Conseils aux mères sur l'allaitement*, p. 21. Paris, 1846. Baillière. — Voici les paroles du Dr Valleix, médecin des Enfants Trouvés, auxquelles le Dr Donné fait allusion dans ce passage : « Ici, l'immense majorité des maladies est mortelle, quelque médication qu'on emploie. » (Valleix, *Clinique des maladies des nouveau-nés*, Paris, 1838, J.-B. Baillière.)

suraiguës, lesquelles ne reconnaissent d'autre cause qu'un avortement provoqué! Les discussions que la question des accouchements prématurés artificiels a fait naître dernièrement, et dont tous les journaux se sont emparés, ont malheureusement répandu à cet égard des notions beaucoup trop précises, dont un grand nombre de femmes, même dans les classes élevées de la société, se sont hâtées de profiter.

Si tous les décès étaient régulièrement et officiellement constatés dans les campagnes, on n'entendrait plus dire que les campagnes se moralisent et que les crimes y diminuent de fréquence. Il y a là une erreur complète. Les campagnes, qu'on le sache bien, se démoralisent de plus en plus, et certains crimes, les avortements, les infanticides y sont très communs. Seulement, ils se commettent avec beaucoup plus d'adresse qu'autrefois et ne sont pas toujours poursuivis. La vérification officielle des décès ne serait pas plus difficile à établir dans certaines communes rurales que ne l'ont été d'autres mesures d'une utilité beaucoup plus contestable. La question de la dépense ne saurait être prise en considération devant l'utilité et l'importance d'une semblable mesure. Cette raison, du moins, ne saurait être invoquée dans le département d'Eure-et-Loir, puisque l'administration a su y établir un service de constatation des décès pour les animaux des races ovine et chevaline, qui font la richesse du département.

Je n'ai pas besoin d'insister davantage sur la nécessité qu'il y aurait à établir dans toute la France une surveillance médicale et administrative sévère sur les nourrices et sur leurs nourrissons. Ce serait le seul moyen de diminuer la mortalité qui règne parmi ces enfants, et de faire disparaître en même temps la démoralisation que produit dans les campagnes l'industrie ou plutôt le commerce des nourrissons.

Dans une des dernières réunions de la Société protectrice des animaux, l'honorable président de cette Société, le vicomte de Valmer, s'exprimait ainsi :

« L'œuvre à laquelle nous nous sommes dévoués, la » protection des animaux, n'est pas encore parfaitement » comprise de tout le monde... Elle n'est pas appréciée à » sa juste valeur... Les uns la considèrent comme futile, » les autres comme une exagération de sensibilité... J'ai » confiance dans la bonté de la cause que je défends, parce » que je connais les sentiments généreux de la population » parisienne, qui, de tout temps, s'est fait remarquer par » son amour du progrès et sa sympathie pour les institu- » tions utiles; parce qu'enfin je m'adresse à cette popu- » lation parisienne, qui marche à la tête de la civilisation » et porte haut son étendard (1)... »

Si ces paroles ont trouvé de l'écho, comment les nôtres n'en trouveraient-elles pas, lorsque nous venons demander à cette même population parisienne d'accorder sa protection, non à des animaux, mais à quinze mille nouveau-nés qui lui appartiennent, et *qui meurent chaque année dans les campagnes, faute de soins et de surveillance.*

La loi du 2 juillet 1850 (loi de Grammont) consacre la protection que l'homme doit accorder aux animaux, et punit les mauvais traitements dont ces derniers sont victimes. Pourquoi une loi ne consacrerait-elle pas la protection que tout le monde doit accorder à ces milliers de nourrissons qui sont envoyés tous les ans à la campagne, et qui, pour Paris seulement, sont au nombre de vingt mille? Combien de nouveau-nés placés aux environs de Lyon, de Bordeaux, de Rennes et de toutes nos grandes villes, qui devraient la vie à cette loi protectrice!

Le *Journal des Débats* du 23 avril 1862 annonçait à ses lecteurs que dans plusieurs départements l'administration

(1) *Bulletin de la Société protectrice des animaux.* Juin 1862, p. 228.

avait adressé l'avis suivant aux instituteurs des communes rurales :

« La saison est venue où les oiseaux commencent à » faire leurs couvées. On rappelle à MM. les instituteurs » l'obligation où ils sont d'empêcher de tout leur pouvoir » les enfants de se livrer à la destruction des nids. L'ad- » ministration compte sur leur zèle pour *persuader*, au » contraire, *aux enfants tout le prix qu'on doit attacher à* » *la conservation d'espèces d'animaux si utiles aux culti-* » *vateurs.* »

Pourquoi l'administration ne rappellerait-elle pas aux instituteurs des communes rurales, qui presque partout sont les secrétaires de la mairie, qu'elle compte sur leur zèle pour *persuader aux nourrices le prix que l'on doit attacher à la vie des petits Parisiens?* Pourquoi l'administration ne leur persuaderait-elle pas de refuser tous ces certificats de complaisance qui rajeunissent le lait des nourrices, et qui ne servent qu'à compromettre la vie d'un grand nombre de nouveau-nés de la capitale? Il est temps que les pères et les mères de famille sachent enfin que, grâce à ces certificats de complaisance, les nourrices qu'ils prennent dans les bureaux particuliers de Paris donnent souvent à leurs nouveau-nés un lait de trois ou quatre ans, qui n'est, la plupart du temps, pour eux qu'un poison des plus efficaces. Si les petits oiseaux sont utiles aux cultivateurs, les *petits Parisiens* ne sont-ils donc d'aucune utilité dans notre société civilisée?

Un des journaux les plus répandus et les mieux rédigés de la province, la *Gironde*, disait, avec un sentiment de haute raison, dans son numéro du 6 mars 1866 :

« Le *Journal des Débats* a comparé dernièrement avec » beaucoup d'esprit les sommes dépensées pour les lettres » et les arts avec l'argent destiné aux haras. Il se trouve » que les chevaux ont absorbé en 1865 1,887,260 fr. La lit- » térature et les arts ont eu 246,000 fr.!... Nous regrettons

» qu'on n'ajoute pas au budget de l'instruction publique » des sommes au moins égales à celles qu'on consacre à » l'élève des chevaux. Un temps viendra, peut-être, où » l'on reconnaîtra qu'une école vaut bien un champ de » courses. On ferait des citoyens avec l'argent consacré à » former des chevaux qui sont incapables de quoi que ce » soit, sinon de doubler la fortune de gens fort riches. »

Que la *Gironde* me permette d'ajouter à ses sages réflexions, qu'avec une partie de l'argent consacré si inutilement aux chevaux, on pourrait, en établissant une surveillance incessante des nourrices et des nourrissons, conserver à la vie des milliers de nouveau-nés, qui, au lieu de mourir dans leur première année, fréquenteraient plus tard les écoles, et deviendraient un jour des citoyens utiles à leur pays. La vie du nouveau-né de l'homme est en péril, il faut que la société la protége comme elle a protégé la vie du nouveau-né des animaux.

La création d'une Société protectrice des animaux a fait naître l'idée d'une Société protectrice de l'enfance. Le contraire eût été beaucoup plus rationnel; mais, je l'ai déjà dit, en France les animaux passent partout avant les hommes. C'est le Dr Alexandre Mayer qui a été le promoteur de cette pensée philanthropique.

La Société protectrice de l'enfance a pour objet :

1° De préserver le premier âge des dangers résultant de l'abandon des enfants à des nourrices qui les emportent au loin, sans que les parents puissent exercer sur eux une surveillance suffisante;

2° De mettre en pratique les ressources dont dispose l'hygiène pour le développement physique des enfants, avant d'entreprendre la culture de leur intelligence, afin de léguer à l'avenir des générations saines et vigoureuses.

La Société se propose d'atteindre son but :

En encourageant l'industrie privée à fonder dans le

voisinage de Paris des *colonies maternelles*, où des nourrices de choix seraient entretenues pour l'élève des enfants;

En instituant des prix en faveur des nourrices qui auront le mieux accompli leur tâche;

En propageant les méthodes d'éducation les plus propres à fortifier à la fois le corps et l'esprit;

Enfin, en publiant un bulletin qui traitera des matières afférentes à la mission que s'impose la Société [1].

Quels que soient le zèle et le talent des membres de la Société protectrice de l'enfance; quelque sages que soient les projets d'amélioration qu'ils ont conçus, j'avoue que les moyens proposés pour réaliser ces améliorations me paraissent impraticables et d'une application impossible en province.

Les colonies maternelles, dans chacune desquelles on réunirait 500 à 1,000 nourrices et autant de nourrissons, deviendraient à chaque instant le théâtre des plus cruelles épidémies. Je me rappelle avoir vu faire l'essai d'une colonie maternelle dans l'ancienne abbaye de Bonneval (Eure-et-Loir). Jamais site ne fut plus propice pour une semblable destination : cloîtres vastes et magnifiques, ombrages séculaires, eaux vives et limpides, tout était réuni pour faire de ce lieu une *colonie maternelle modèle*. L'essai cependant ne fut pas heureux. Sur 20 enfants qui y furent envoyés, 18 étaient morts au bout de quelques mois.

Comment espérer qu'un aussi grand nombre de femmes abandonneront leur pays, leurs habitudes, pour aller se mettre dans une espèce de phalanstère, où leurs maris et leurs enfants deviendront de suite un embarras immense? Peut-on penser que les nourrices, qui redoutent par dessus tout la surveillance, adopteront les colonies maternelles,

[1] *Bulletin de la Société protectrice de l'enfance*, n° 1, in-8°, p. 39. Paris, 1866. Noirot.

où non seulement elles engageraient leur liberté présente, mais encore leur liberté à venir? Que fera-t-on là des femmes qui donneront de mauvais soins à leurs nourrissons? Que fera-t-on de celles qui ne pourront plus physiquement être nourrices? Comment supposer d'ailleurs que toutes ces femmes vivront en bonne intelligence? Les plaintes, les lettres anonymes adressées à chaque instant aux parents rendraient promptement impossible la position des médecins de la colonie. Il y a là des difficultés qui ne seront jamais résolues.

L'hygiène des nouveau-nés, les habitudes des nourrices, l'impossibilité de dépeupler les communes rurales en faveur des colonies maternelles, la certitude des désastres financiers qui atteindraient ces établissements, exigent que les nouveau-nés de Paris continuent à être envoyés dans les départements qui se livrent à cette industrie. Mais cette dissémination des nourrices dans les campagnes n'empêche nullement d'établir une surveillance sévère sur elles.

Ici encore, j'éprouve le regret de différer de manière de voir avec le Dr Mayer. Ce confrère voudrait établir dans chaque commune un comité de patronage, composé du maire, de l'instituteur et de quelques mères de famille, lequel serait chargé de visiter les enfants avec le médecin. Ce mode de surveillance, si simple, si commode en apparence, sera, la plupart du temps, impossible. Il y a des communes rurales dans lesquelles les nourrissons sont tellement disséminés, tellement éloignés les uns des autres, qu'il faudrait au comité plusieurs jours pour les visiter, et jamais il ne prendra cette peine. Le maire et l'instituteur des communes, d'ailleurs, ne sont pas toujours étrangers à ces certificats de complaisance dont j'ai parlé, et qui rajeunissent ou vieillissent le lait des nourrices, et certaines mères de famille de la campagne ont de singulières idées sur l'alimentation des nouveau-nés.

Un médecin instruit et consciencieux pourra-t-il jamais accepter le contrôle d'un semblable comité?

L'idée de fonder des prix en faveur des nourrices qui auront le mieux accompli leur tâche est excellente; mais elle n'implique nullement la création des colonies maternelles. Il est tout aussi facile de récompenser des femmes, lorsqu'elles sont disséminées dans plusieurs communes rurales, que lorsqu'elles sont réunies dans un village.

Quant à la proposition qui a été émise par certaines personnes d'imprimer sur les certificats des nourrices des instructions détaillées sur les soins à donner aux nouveau-nés, afin de propager ainsi les meilleures méthodes d'éducation, elle me paraît difficile à réaliser, puisque les nourrices ne savent, en général, ni lire ni écrire.

Le compte rendu de la première réunion de la Société protectrice de l'enfance trahit toutes les difficultés pratiques que rencontre la Société, et démontre d'une manière évidente l'impossibilité dans laquelle se trouvent ses membres d'arriver au but qu'ils se proposent. Tous les bureaux de nourrices, en effet, sauf un seul, ont refusé de coopérer à la réforme des abus qui entachent leur industrie. Ce résultat était facile à prévoir. Il est évident que pour ces établissements, qui ne vivent que de honteuses spéculations, toute surveillance deviendra nécessairement une cause de ruine.

L'industrie particulière, de quelque manière qu'elle s'y prenne, rencontrera toujours dans cette circonstance des difficultés insurmontables. L'administration seule peut triompher de ces difficultés, seule elle peut exercer et faire exercer une surveillance réelle et profitable sur les nourrices et sur les nourrissons. Il faut bien peu connaître les mœurs et les habitudes de nos campagnes pour croire qu'une semblable surveillance soit facile à établir, pour croire surtout que de simples particuliers pourront jamais l'exercer. Écoutons ce que dit à cet égard un publiciste que j'ai déjà eu occasion de citer, Francisque Sarcey :

« D'autres personnes se sont dit qu'il s'était formé en » Angleterre une Société protectrice des animaux, qui » avait obtenu des résultats considérables; elles se sont » demandé pourquoi il ne se créerait pas en France une » Société protectrice des nouveau-nés, dont la mission » serait de veiller sur les enfants que délaissent leurs » mères, qui réprimerait les abus, et qui, au besoin, en » poursuivrait la punition.

» Plût à Dieu qu'une pareille Société pût se fonder en » France. Mais, pour moi, je n'y compte guère. Cela est » bon chez nos voisins, qui aiment à se passer du gouver- » nant, et ne comptent que sur eux-mêmes. Là où les » efforts d'un seul seraient impuissants, ils s'unissent » ensemble; ils forment de vastes associations, qui ont » toute la généreuse ardeur que pourrait déployer un seul » citoyen, et dont la puissance est mille fois plus grande. » Mais prétendre organiser en France une Société pareille, » c'est folie pure; il n'y a chez nous que deux forces » capables de former et de garder unies de vastes asso- » ciations de forces : c'est le gouvernement et le clergé. » Les citoyens ne comptent pas; ils ne sont, en face de » ces vastes et formidables agrégations, qu'une poussière » impalpable que le moindre vent soulève et disperse. » Nous serions hommes à faire de très beaux discours sur » les nourrices; mais de nous unir pour les surveiller » incessamment, pour leur distribuer les châtiments et les » récompenses, c'est à quoi nous ne nous résoudrons » jamais, à moins que notre éducation ne soit refaite de » fond en comble (¹). »

Cette pensée est aussi juste qu'elle est vraie.

Il y a lieu de s'étonner que le Dr Alexandre Mayer n'ait pas cru devoir parler de la Direction municipale des nour-

(¹) *Opinion nationale*, 5 avril 1862.

rices, qui entoure d'une si grande sollicitude les enfants qu'elle place à la campagne, et qui peut, à juste titre, être considérée comme une Société protectrice de l'enfance, dont le savant directeur de l'assistance publique est, de fait, le véritable président. Cette Direction n'est point à l'état de création comme la Société du Dr Mayer; elle fonctionne admirablement, elle a ses médecins et ses sous-inspecteurs, et la surveillance qu'elle exerce sur ses nourrissons est si complète, que la mortalité parmi ces enfants est relativement très faible. Il ne manque à la Direction des nourrices, pour accomplir tout le bien qu'elle pourrait faire, que d'être débarrassée de la concurrence des petits bureaux et d'être ouvertement soutenue par l'administration supérieure. Libre alors de toute contrainte, elle étendrait son action salutaire sur toute la France, et sauverait ainsi la vie à des milliers d'enfants. Tout cela pourrait se faire en un instant et sans rien changer à son excellente organisation actuelle.

Si, comme le pensent quelques personnes, la Direction des nourrices est une charge pour l'assistance publique, il ne faut pas pour cela la supprimer; il faut en faire une Direction indépendante, mais bien se garder de la priver des améliorations qu'y a apportées M. Husson.

Un homme dont s'honore la France, et auquel les questions hospitalières et économiques sont très familières, M. Augustin Cochin, écrivait dernièrement dans le *Journal des Débats :*

« Je ne m'explique pas pourquoi l'administration con-
» serve un *bureau central des nourrices.* Autrefois, il était
» difficile de se procurer des nourrices, plus difficile de les
» faire venir par le coche. Aujourd'hui, l'industrie privée
» procure des nourrices, le télégraphe les appelle; le
» bureau de bienfaisance, les crèches, les sociétés de cha-
» rité maternelle assistent, ce qui vaut bien mieux, les
» mères nourrices. A quoi bon consacrer 200,000 fr., une

» vaste maison sur les boulevards, des employés et des » écritures à faire, ce que fait une industrie qu'il est indis- » pensable de surveiller, inutile de remplacer? L'adminis- » tration est déjà bien assez chargée [1]. »

Le nom de M. Cochin, le talent de cet économiste, donnent à ces paroles une autorité fâcheuse. Si cet honnête et savant écrivain connaissait tous les abus qui caractérisent les petits bureaux, abus sur lesquels j'ai si longuement insisté, il ne voudrait certainement pas qu'on laissât à une industrie aussi immorale le soin de procurer des nourrices aux habitants de Paris, car il saurait que là où les nourrissons des petits bureaux meurent dans la proportion de 0,42, les nourrissons de la Direction centrale meurent dans la proportion de 0,17. La Direction générale, n'aurait-elle que cette utilité, mériterait d'être conservée à tout prix.

La première chose à faire pour sauvegarder la vie des nourrissons de Paris serait donc de supprimer tous les bureaux particuliers de nourrices et de ne reconnaître pour toute la France qu'une seule Direction des nourrices, telle que celle qui existe aujourd'hui, et dont l'administration aurait la surveillance absolue. Il serait excessivement facile de faire de cette Direction une Direction indépendante, qui ressortirait de la préfecture de la Seine, de la préfecture de police ou du ministère de l'intérieur. Le service médical tel qu'il existe aujourd'hui dans certains arrondissements se créerait à l'instant même dans toute la France, et formerait pour les médecins qui en seraient chargés une excellente clinique des maladies des nouveau-nés.

Il existe une Direction des tabacs, une Direction des haras, pourquoi n'existerait-il pas une Direction des nourrices? L'administration seule a le droit de vendre les

[1] *Journal des Débats*, 16 avril 1862.

feuilles de cette solanée, qui font de nos enfants des vieillards de vingt ans; pourquoi n'aurait-elle pas le droit de surveiller seule les nourrices qui doivent allaiter et fortifier des nouveau-nés destinés à remplacer la génération actuelle, qui va s'affaiblissant chaque jour? L'État seul a le droit de surveiller les maîtres et les instituteurs qui donnent à nos enfants l'instruction ou la nourriture morale; pourquoi n'aurait-il pas le droit de surveiller seul les femmes mercenaires qui donnent chaque année la nourriture ou l'éducation physique à vingt mille nouveau-nés de la capitale? Jamais monopole n'a été aussi nécessaire que celui-ci, parce que jamais industrie n'a été aussi immorale que l'industrie des nourrissons.

Je suis heureux, dans une question aussi importante, de me trouver entièrement d'accord avec le Dr Vernois, le savant auteur du *Traité d'hygiène industrielle et administrative*. Voici, en effet, les réformes que demande cet honorable confrère; ce sont précisément celles que je ne cesse de réclamer depuis dix-huit ans :

« Les bureaux de nourrices, objet de lucre et de spécu-
» lation dans les grandes villes, constituent pour moi,
» par leur nombre et l'importance de leur nature, un des
» agents les plus essentiels de l'alimentation publique.
» C'est de là que partent souvent la santé ou la maladie,
» la vie ou la mort. Quoique placés sous la surveillance
» directe de la police, on n'est jamais parvenu à les sou-
» mettre à des règlements sévères, et il en résulte que la
» santé des nourrices, l'état du lait, la vie intérieure de
» ces maisons, sont, en général, dans les conditions les
» plus déplorables de salubrité. En 1853, sur la demande
» de M. le ministre de la police générale, je fus chargé de
» rédiger pour le Prince-Président un mémoire sur cette
» question. Je n'hésite pas à rappeler les conclusions que
» l'examen approfondi des faits m'avait dictées : 1° *sup-*
» *pression de tous les bureaux de nourrices*; 2° création

» d'une Direction municipale avec une ou plusieurs suc-
» cursales, selon l'étendue des villes, placée sous l'action
» directe de l'autorité; 3° service médical fait par les mé-
» decins des hôpitaux de la ville; 4° examen régulier de
» toutes les nourrices, de leur lait et de leurs enfants, avec
» classement en plusieurs catégories, selon leurs qualités
» bonnes ou moyennes; 5° rejet absolu de toute qualité
» inférieure; 6° réserve d'un certain nombre des excel-
» lentes nourrices pour les mères pauvres ne pouvant pas
» nourrir, et présentées ou recommandées par les bureaux
» de charité. En somme, garantie administrative, morale
» et médicale assurée à un service d'alimentation publique
» de première nécessité (1). »

Que l'administration, comprenant la tâche qui lui incombe de sauver tous les ans la vie à des milliers de nouveau-nés, prononce donc la suppression de tous les bureaux particuliers de nourrices de Paris, qui ne sont, en définitive, que des fournisseurs de victimes pour l'hécatombe des nourrissons, et qu'elle les remplace par une Direction des nourrices, municipale ou générale, dont elle aura le monopole, c'est à dire la surveillance absolue; qu'il soit défendu à toute femme, en France, de prendre un nourrisson sans donner son nom à la mairie de la commune qu'elle habite et sans se trouver, par ce seul fait, immédiatement soumise à la surveillance du médecin qui sera, dans chaque canton, chargé du service des nourrissons; que les décès de ces enfants soient régulièrement constatés, et l'on verra de suite la mortalité des nourrissons diminuer dans tous les départements.

Puisse l'administration exaucer le vœu que j'émets au nom de ces malheureuses victimes que l'on appelle des *petits Parisiens,* de voir créer une Direction des nourrices unique pour toute la France. Grâce à cette sage insti-

(1) Maxime Vernois, *Traité pratique d'hygiène industrielle et administrative*, t. I, p. 15. Paris, 1860. J.-B. Baillière.

tution, la population augmenterait, les jeunes générations de la capitale deviendraient fortes et bien constituées, et l'on verrait cesser chez nos nouveau-nés une mortalité qui étonne, à juste titre, les nations étrangères. Un journal anglais le *Fraser's Magazine*, parlant, en effet, il y a peu de temps, de l'usage où l'on est en France de mettre les enfants en nourrice à la campagne, contenait ces lignes peu flatteuses pour notre orgueil national :

« It is probable that to this defective manner of bringing » up children is owing the very bigt mortality in infant » life. In France two hundred and seventy-five children » in the housand die before they have finished their fourth » year. This is at least double the mortality wich we meet » with in England, Prussia, and Bavaria. »

Il dépend de l'administration d'arrêter une mortalité qui n'est pas en rapport avec nos mœurs.

Puisse l'autorité réaliser toutes ces améliorations que réclament impérieusement la morale, l'humanité, la religion! Quinze mille *petits Parisiens* et un nombre incalculable de nouveau-nés de toutes nos grandes villes seront, chaque année, arrachés à la mort. Les enfants assistés et les enfants trouvés, que l'on cessera partout d'élever au biberon, ayant, ce qui leur a manqué jusqu'à ce jour, une nourrice, n'offriront plus une mortalité qui est une honte pour notre civilisation. Les décès des *petits Parisiens,* désormais constatés, prendront dans les statistiques des départements le rang qu'ils auraient toujours dû y occuper, et les populations des campagnes apprendront enfin que la vie d'un nouveau-né, en France, est quelque chose qui doit se compter, quelque chose surtout qui doit être respecté.

FIN.

TABLE DES MATIÈRES

Défauts constatés sur le document original

www.ingramcontent.com/pod-product-compliance
Ingram Content Group UK Ltd.
Pitfield, Milton Keynes, MK11 3LW, UK
UKHW021049230726
13926UKWH00004B/1746